Anselm Grün / Leo Fijen

Das Jahr, in dem mein Vater starb

Anselm Grün / Leo Fijen

Das Jahr, in dem mein Vater starb

Ein Briefwechsel
über das Lieben und das Loslassen,
das Trauern und das Erinnern

Aus dem Niederländischen von Isabell Schmidtke

HERDER

FREIBURG · BASEL · WIEN

Titel der Originalausgabe:
Het jaar dat mijn vader stierf. Briefwisseling met Anselm Grün
Uitgeverij Ten Have
ISBN 978-90-259-5832-9
Die Briefe von Leo Fijen wurden aus dem Niederländischen übersetzt.
Die Briefe von Anselm Grün sind in ihrer deutschen
Originalfassung abgedruckt.

www.herder.de

Satz: Layoutsatz Kendlinger
Herstellung: fgb · freiburger graphische betriebe
www.fgb.de

Gedruckt auf umweltfreundlichem, chlorfrei gebleichtem Papier
Printed in Germany

ISBN 978-3-451-29936-0

Vorwort

Was als Briefwechsel über den täglichen Wahnsinn begann, wurde zu einem Gedankenaustausch über die wichtigsten Themen eines menschlichen Lebens. Als ich Mitte Januar die erste Mail an Pater Anselm Grün schickte, ahnte ich noch nicht, dass eineinhalb Jahre nach dem Tod meiner Mutter auch mein Vater innerhalb kürzester Zeit sterben würde.

Immer häufiger schrieb ich dann über meinen Vater: über seinen letzten Geburtstag, den ersten Besuch beim geriatrischen Facharzt, seine Aufnahme ins Krankenhaus; über das Unvermögen, einander näher zu kommen, über die besondere Bedeutung, die das Osterfest gewinnt, wenn der Tod unvermeidlich wird, über die letzten gemeinsamen Wochen von Vater und Sohn und über das Sterben zu Hause.

Zwei Jahre zuvor war ich Anselm Grün zum ersten Mal begegnet. Ich lernte ihn später während zweier Besuche in seiner Abtei in Münsterschwarzach besser kennen, und wir vereinbarten, uns alle zehn Tage zu mailen. Es wurde ein intensiver Briefwechsel über Leiden und Sterben, Abschiednehmen und Loslassen, Trauern und Kummer, Einsamkeit und Verwaist-Sein. Wir tauschten uns aber auch aus über Rituale und Erinnerungen, Geben und Empfangen, Verbundenheit und Distanz, Familienbande und die Kraft des Glaubens.

Es war ein Privileg, mit Pater Anselm in Form eines Briefwechsels reden zu können. In so rascher zeitlicher Folge beide Eltern zu verlieren, ging mir unter die Haut. Anselm Grün war mir ein aufmerksamer Zuhörer und ein tröstender Begleiter. Er half mir, deutlicher zu erkennen, was sich in meinem Leben alles veränderte. Meine Trauer und mein Kummer waren für mich wie ein unbekanntes Land, dessen Wege ich nicht kannte, oft hatte ich das Gefühl, die falsche Abzweigung zu nehmen. Manchmal erschrak ich vor meinen eigenen Gefühlen.

Der Briefwechsel half mir dabei, mir in diesem Chaos meinen Weg zu bahnen, und viel mehr noch gab er mir den Raum und die Ruhe, gewahr zu werden, dass ich auch eine bereichernde Periode durchlebte. Ich durfte entdecken, dass im tiefsten Schmerz des Abschieds von meinem Vater (und meiner Mutter) Reichtümer verborgen liegen. Es mag widersprüchlich klingen, aber es ist eine tief greifende Wahrheit: In der Zeit, in der mein Vater zu fast nichts mehr in der Lage war, gab er mir das meiste.

Diese Entdeckung möchte ich gerne – gemeinsam mit Anselm Grün – mit anderen teilen. Darum erscheint dieser Briefwechsel in Buchform. Ohne Inhaltsverzeichnis, denn die Briefe sind in chronologischer Reihenfolge angeordnet, können aber auch einzeln gelesen werden. Hin und wieder ergeben sich Wiederholungen, denn in Zeiten der Trauer sind es eher verwandte Themen, die einen immer neu beschäftigen.

Herzlich danken möchte ich Anselm Grün, meiner Frau Monique und unseren beiden Kindern, Maaike und Lennart, meinen Geschwistern, meinen Freunden in Kirche und Dorf, meinen Kollegen (im Besonderen Albert Aartsen), meinem Verleger Pieter de Boer und natürlich meinen Eltern, die in meinem Herzen weiterleben.

Leo Fijen
Allerheiligen, Allerseelen 2007

BRIEF 1

LEO FIJEN

Zu Beginn des neuen Jahres fühlte ich mich ganz klein

Lieber Pater Anselm,

das neue Jahr fing schlecht an. Ich kann die Bilder von Saddam Hussein nicht vergessen, die Bilder kurz bevor man das Todesurteil an ihm vollstreckte. Es bereitet mir körperliche Schmerzen, es geht mir extrem gegen den Strich, dass wir in unserer westlichen Gesellschaft es zulassen, dass Saddam zum Galgen verurteilt und gehängt wurde. Ich kann nicht nachvollziehen, dass Millionen Menschen auf der ganzen Welt Zeugen der Vollstreckung dieses Todesurteils waren. Und ich frage mich auch, warum so viele Fernsehsender sich entschieden haben, diese abscheulichen Bilder auszustrahlen. Warum reichte es nicht, ein Foto von Saddam Hussein zu zeigen und zu berichten, dass das Todesurteil vollstreckt worden sei? Und wer kann mir erklären, warum die Mächtigen dieser Welt mehrere Tage dazu brauchen, diese Todesstrafe zu verurteilen?

Um keine Missverständnisse aufkommen zu lassen: Saddam hat sich grausamer Verbrechen gegenüber der Menschlichkeit schuldig gemacht. Saddam war ein Diktator, der bestraft werden musste. Aber ich kann nicht begreifen, dass die ganze Welt sich tatenlos diese mittelalterliche Szenerie angeschaut hat. Wo blieb die Menschlichkeit? Wo war unser Anstand? Ich habe den Fernseher ausgemacht, ich wollte die Fotos in den Zeitungen nicht sehen. Zu Beginn des neuen Jahres fühlte ich mich ganz klein. Weil ich nicht in einer Welt leben möchte, die solche Bilder sendet und nicht Teil einer Welt sein will, die diese primitive Form von Strafe nicht verhindern kann. Ich fühlte mich kleiner denn je, denn ich lebe in dieser Welt, ich nehme Teil an ihr und kann diese Bilder nicht verhindern.

Ich schämte mich auch aus einem anderen Grund, nämlich angesichts der Fernsehbilder der Kathedrale von Warschau. Ich sah Zorn und Wut bei den polnischen Bürgern innerhalb und außerhalb der Kirche. Peinlicher Mittelpunkt dieser Unruhe war der Erzbischof Stanislaw Wielgus. Er hatte über seine Verbindungen mit der Geheimpolizei in der kommunistischen Ära nicht die Wahrheit gesagt. Er hatte alle irregeführt, seine polnischen Landsleute und den Papst. Und dafür zahlte er einen hohen Preis, denn eine halbe Stunde, bevor er zum neuen Erzbischof von Warschau geweiht werden sollte, musste er zurücktreten. Auch das waren schlechte Nachrichten zu Beginn des neuen Jahres. Die katholische Kirche will glaubwürdig, vertrauenswürdig und authentisch sein, sie versucht die Botschaft Christi vorzuleben, tut aber bisweilen das Gegenteil. Und das macht es manchmal schwierig, öffentlich zu sagen: Ich bin katholisch, ich will mit dem Glauben leben und nach dem Vorbild Christi, und ich finde es gut, aktives Mitglied der Kirche zu sein. Es ist zeitweise nicht einfach, das zu sagen.

Ich möchte noch ein Beispiel anführen, warum es manchmal so schwierig ist, auf meine Kirche stolz zu sein. In Italien starb Piergiorgio Welby und in Chile der Diktator Pinochet. Der Erstere war gelähmt und hatte um Sterbehilfe gebeten, die man ihm nicht gewährte. Er verzichtete danach auf jegliche medizinische Behandlung und starb. Fast gleichzeitig starb Pinochet nach einem Leben voller Gräueltaten, begangen an unschuldigen Opfern. Die katholische Kirche verweigerte Welby in Italien eine kirchliche Bestattung, weil er ein öffentlicher Befürworter der Sterbehilfe gewesen war. Aber dieselbe katholische Kirche – durch fünf Bischöfe prominent vertreten – bereitete Pinochet in Chile einen großen liturgischen Abschied.

Wie ist das möglich? Persönlich bin ich – genau wie meine Kirche – kein Befürworter der Sterbehilfe, aber ich habe in meinem Leben gelernt, mit dem Urteil über andere vorsichtig zu sein und im Glauben den Wert der Barmherzigkeit entdeckt. Wo blieb Mitgefühl mit Welby? Wo die Gerechtigkeit, was Pinochet betrifft?

Ich muss eine Antwort schuldig bleiben, und ich kann meine eigene Kirche manchmal nicht verstehen. Skandale und Widersprüche bestimmen das Image der Kirche. Das finde ich so schade, gerade weil ich an jedem Tag meines eigenen Lebens erfahren darf, wie viel die Kirche im Leben eines Menschen bedeuten kann. Kirche besteht aus soviel mehr als aus Skandalen und Widersprüchen. Die Kirche kann segnen, trösten und inspirieren. Die Kirche bringt Menschen zusammen. Ich spreche hier von der Kirche meines Dorfes. Dorthin darf ich heimkommen, jede Woche. Diese Kirche erscheint so gut wie nie in den Nachrichten. Und gerade auf diese Kirche bin ich sehr stolz.

BRIEF 1

ANSELM GRÜN

Als Mönch übe ich Fernsehaskese

Lieber Leo,

herzlichen Dank für Ihre Mail. Da ich als Mönch Fernsehaskese übe, bin ich nicht dem Terror grausamer Bilder ausgesetzt. Das erfahre ich als Wohltat. Bilder bilden sich in uns ein. Für mich ist es wichtig, dass sich gute Bilder in mich einbilden. Gerade jetzt in der Weihnachtszeit habe ich mir die heilenden Bilder der Geburt Jesu eingeprägt. Ich bin froh, dass ich im Kloster geschützt bin vor all den krankmachenden Bildern menschlicher Grausamkeit. Für mich ist es eine Verletzung wahrer Humanität, Millionen von Zuschauern die grausamen Bilder einer Hinrichtung zu zeigen. Schon die Todesstrafe ist für mich nicht mit unserem christlichen Menschenbild zu vereinbaren. Die Verfassung der Europäischen Union verbietet die Todesstrafe; ihre Abschaffung ist Bedingung zur Aufnahme neuer Mitgliedsstaaten. Wir Europäer müssten da wieder mehr Selbstvertrauen zeigen und unser Menschenbild, das durch Christentum und Aufklärung immer klarer hervorgetreten ist, der Welt eindeutiger vermitteln. Die Würde des Menschen ist unantastbar. Auch der Staat ist nicht Herr über Leben und Tod. Das ist allein Gott. Die Menschwerdung Gottes, die wir an Weihnachten feiern, heißt, dass Gott in jedem menschlichen Antlitz zu finden ist. Selbst in dem, der sich von Gott abgewandt hat, spiegelt sich noch etwas vom göttlichen Glanz wider.

Der Rücktritt von Erzbischof Wielgus ist für mich eine Herausforderung für die Kirche zu einer ehrlichen Gewissenserforschung.

Auf der einen Seite sollen wir in aller Demut zugeben, dass wir Sünder sind und Fehler machen. Aber wenn wir uns unserer Sündhaftigkeit bewusst sind, dürfen wir auch den Mund nicht so voll nehmen und müssen vorsichtiger sein, wenn wir anderen christliche Moral verkünden. Je mehr wir von Gott sprechen, desto behutsamer müssen wir zu den Menschen reden. Für mich zeigt der Rücktritt auch das große Dilemma, in dem die polnische Kirche derzeit steckt. Unter der kommunistischen Herrschaft war die Kirche der Schutzraum für Andersdenkende. Aber sie hat gar nicht gemerkt, wie sie die autoritären Züge des Kommunismus auch in ihre eigenen Strukturen übernommen hat. Die Kirche muss sich in einem schmerzlichen Prozess selbst reinigen. Der Rücktritt ist für mich auch eine Chance für diese Selbstreinigung der Kirche. Wenn sie diese Chance wahrnimmt, dann wird sie mit ihrer wahren Berufung in Berührung kommen. Wenn sie dagegen, statt sich zu läutern, nur weitermacht wie bisher, wird sie ihre Glaubwürdigkeit verlieren.

Für mich ist es wichtig, dass wir keine aktive Sterbehilfe leisten. Wir können nicht über die Stunde unseres Todes entscheiden. Das müssen wir Gott überlassen. Aber das heißt nicht, dass wir das Leben künstlich verlängern. Vor einigen Jahren wäre diese künstliche Verlängerung nicht möglich gewesen. Daher ist es legitim, künstliche Ernährung abzubrechen oder ein nur mit Maschinen verlängertes Koma zu beenden und sich dem Tod zu überlassen. Und wir haben kein Recht, über einen Menschen letztlich zu urteilen, auch nicht über den, der andere Wege gegangen ist, als wir uns das gewünscht haben. Daher finde ich es unbarmherzig, einem Verstorbenen die kirchliche Beerdigung zu verweigern. Wir tun das ja auch nicht bei Selbstmördern, weil wir auch sie der Barmherzigkeit Gottes übergeben. So gibt es keinen Grund, im Fall von Georgio Welby so unbarmherzig zu sein.

Es sind drei Ereignisse, die den Stern der Hoffnung verdunkeln, der uns am Fest Epiphanie aufgegangen ist. Ich will meine Augen vor diesen Verdunklungen nicht verschließen. Aber ich vertraue dem Stern, der über der Krippe aufgeleuchtet ist und auch über dem Neuen Jahr strahlen möchte. Ich halte mich an die Magier, die dem Stern ihrer Sehnsucht gefolgt sind, durch weite Wüstenwege und dunkle Nächte hindurch, weil sie geglaubt haben, dass sie den finden, vor dem sie niederfallen können, um anbetend daheim zu sein. So folge auch ich im Neuen Jahr dem Stern meiner Sehnsucht und hoffe, dass er heller ist als alle Dunkelheit, die mich von außen oder von innen immer wieder überkommen wird.

In diesem Sinn wünsche ich Ihnen ein gesegnetes Neues Jahr, damit alles, was Sie in die Hand nehmen, gesegnet sei und zum Segen werde für Sie und für die Menschen, mit denen Sie leben und arbeiten.

BRIEF 2

LEO FIJEN

Still in der Stille der Nacht

Lieber Pater Anselm,

es ist Mitternacht. Ich habe den ganzen Sonntag über gearbeitet und fühle mich nach der Ausstrahlung der neuen Ausgabe von „Kreuzungspunkt“[1] zufrieden. Alles um mich herum ist still. Das Großraumbüro ist leer. Niemand ist zu dieser späten oder frühen Stunde anwesend. Es ist auch ziemlich dunkel hier, weil um elf Uhr abends alle Lampen automatisch ausgehen. Ich schreibe im gedämpften Licht einer kleinen Schirmlampe. Ich bin alleine mit mir, mit meinem Herzen in Frieden, in der Stille und Dunkelheit mit meinem Schöpfer und seiner Schöpfung verbunden. Ich fühle mich glücklich, ja, mehr noch: Die Mitternacht von Sonntag auf Montag ist einer der glücklichsten Momente der Woche. Niemand kann die Stille unterbrechen, niemand die Intimität dieses Augenblicks stören, niemand die Dunkelheit aufheben. Die Fernsehsendung ist vorbei, der Hochbetrieb und die Anspannung sind Vergangenheit, die Einsamkeit eine Wohltat. Es erscheint vielleicht merkwürdig, aber für mich bedeutet das Glück. Alleine sein, ohne Geräusche, ohne Menschen, Verpflichtungen, Terminkalender, ohne belanglose Gespräche, ohne Handy, ohne Mail. Nichts kann dieses Glück stören, die neue Woche ist so nahe und doch so weit weg. Ich bin allein, still in der Stille der Nacht, ich bete nicht, ich bin da. Nicht mehr, nicht weniger. Ich bin da, mit allen meinen Sinnen,

---

[1] *Kruispunt*, katholisches Fernsehmagazin, das von Leo Fijen moderiert wird (Anm. d. Ü.).

mit meiner ganzen Aufmerksamkeit, mit allem Guten und Schlechten in mir. Ich bin hier, so, wie ich in meinem tiefsten Inneren bin: nicht gekünstelt, nicht schöner und hässlicher, nicht im besten Anzug. Vielleicht bin ich ja so glücklich, weil ich gerade nichts tun muss, weil ich auch mal nutzlos sein darf, weil ich nicht mehr als ein Schatten in der Nacht bin. Es geht nun nicht um Produktion, Bücher, Lesungen, Sendungen, Zuschauerzahlen und Ergebnisse. Es geht jetzt nur noch um das totale Nichts. Das macht mich glücklich.

Gestern war ich im Benediktinerinnenkloster in Egmond, nahe den Dünen und dem Meer. Ich reise dort jedes Jahr am zweiten Januarwochenende hin. Im Kloster treffe ich immer Mitglieder einer Gemeinde an, die dort in Klausur sind. Dieses Mal war es eine Gruppe junger Eltern. Sie hatten alle gute Jobs, ein schönes Heim, gesunde Kinder und eine vielversprechende Zukunft vor sich. Ich fragte sie, was ihr tiefster Wunsch sei, und es war als hätte ich eine Lunte in ein Pulverfass gesteckt.

Diese jungen Eltern hatten alles, aber sehnten sich nach dem totalen Nichts. Am meisten träumten sie von einem scheinbar nutzlosen Dasein: am Wasser sitzen, durch die Schöpfung laufen, in einem Kloster beten, über das Leben reden, die Stille genießen und füreinander Zeit haben. All diese jungen Eltern hatten genug von ihrem geschäftigen Alltag, sie sehnten sich nach einem anderen Rhythmus, einem anderen Leben, einer anderen Arbeit. Sie fühlten sich in den Regeln der Wirtschaft und der Gesellschaft gefangen. Sie wagten es nicht, auszubrechen, denn sie trugen Verantwortung für ihre kleinen Kinder. Sie besaßen alles, was ihr Herz begehrte, aber fühlten sich nicht frei, sondern im Gegenteil gefangen und geknechtet. Sie mussten weinen, als sie ihre Geschichten erzählten. Nie hatte ich zuvor so eindringlich und persönlich den Aufschrei unserer Zeit gehört. Alles besitzen und doch nach dem totalen Nichts verlangen. Jede Wahl im Leben treffen zu können, aber nicht frei sein. Alle Chancen haben, um vorwärts zu kommen, aber sich genau danach sehnen, ein paar Schritte zurückzutreten.

BRIEF 2

ANSELM GRÜN

Die Zelle ist der Himmel, in der der Mönch mit Gott allein ist

Lieber Leo,

Ihre Schilderung des mitternächtlichen Schweigens und des Einsfühlens mit sich selbst hat mich sehr berührt. Wenn ich einen Abend für mich frei habe – meistens ist es der Sonntagabend –, dann kann ich ihn auch genießen. Ich fühle mich allein, aber nicht einsam. Ich fühle mich „all-eins", mit allem eins – mit mir selbst, mit Gott, mit der ganzen Welt. In diesem Augenblick wird meine kleine Klosterzelle zu einem Ort, der in Kontakt ist mit der ganzen Welt. Im Mittelalter haben die Mönche nicht umsonst das Wortspiel gebraucht: „Cella est coelum – die Zelle ist der Himmel, in dem der Mönch mit Gott allein ist." Oft schreibe oder lese ich an so einem Abend. Aber dann brauche ich immer auch Zeit, in der ich einfach nur dasitze und es genieße, nichts zu tun, einfach nur da zu sein. In solchen Momenten fühle ich mich oft eingehüllt von Gottes Liebe. Ich kenne aber auch Augenblicke der Stille, in denen Traurigkeit auftaucht, in denen ich das Alleinsein auch schmerzlich erlebe. Aber wenn ich diese traurigen Gefühle zulasse, dann führen sie mich in die Tiefe meines Herzens. Und dort erfahre ich auf einmal einen tiefen inneren Frieden. Die Traurigkeit wandelt sich in ein Berührtsein vom Geheimnis Gottes und vom Geheimnis des Lebens.

Ihre Schilderung der jungen Menschen und ihrer tiefen Sehnsucht nach einem zweckfreien Dasein hat mich sehr berührt. Sie sehnen sich nach dieser inneren Freiheit und nach dem Ausbrechen aus dem Hamsterrad des Lebens. Aber sie wagen es nicht, weil ihre Verpflichtung der Familie gegenüber sie dazu zwingt, Geld zu verdienen. Ich habe gerade auch einen Kurs abgeschlossen, in dem Manager einer großen Firma für drei Tage bei uns im Kloster waren. Sie erzählten von einem ähnlichen Dilemma. Sie können nicht einfach aussteigen aus dem Leben und nur ihrer Sehnsucht folgen. Aber trotzdem dürfen sie ihre Sehnsucht nicht verdrängen. Für mich ist der erste Weg in die Freiheit, sich heilige Zeiten zu reservieren, in denen ich aufatmen und die Freiheit genießen kann. Heilig ist das, was der Welt entzogen ist, worüber die Welt keine Macht hat. Die heilige Zeit gehört mir. Da muss ich keine Erwartungen erfüllen. Da bin ich einfach da. Da komme ich mit dem Heiligen und Heilen in mir in Berührung. Der zweite Schritt besteht darin, dass ich in mir den heiligen Raum entdecke, in dem ich heil bin und ganz, befreit von der Macht der Menschen und ihrer Ansprüche. Dort haben Firmenchefs und Kundenwünsche und Beschwerden der Mitarbeiter keinen Zutritt. Dort bin ich ganz ich selbst. Wenn ich diesen heiligen Raum der inneren Stille auch in den Turbulenzen der Arbeit in mir spüre, hat die Arbeit keine Macht über mich. Ich lasse mich auf die Arbeit ein. Aber ein Teil von mir bleibt davon ausgenommen. Darin bin ich frei. Darin atme ich auf mitten in der Hektik der Arbeitswelt. Und dort spüre ich meine Sehnsucht nach Freiheit, nach einem zweckfreien Leben. In der Sehnsucht nach Freiheit ist schon Freiheit. Die Sehnsucht kann mir niemand nehmen. Und mit meiner Sehnsucht kann mir auch niemand diese innere Freiheit nehmen.

BRIEF 3

LEO FIJEN

Wir sind verwundbarer denn je

Lieber Pater Anselm,

es war die Woche des Sturms. Schwere Windstöße und heftige Regenfälle suchten große Teile Europas und auch mein Land heim. Ich hasse den Wind, schlimmer noch, ich habe Angst vor zu heftigem Wind. Ich habe schlechte Erinnerungen an ihn. Zur Erklärung muss ich einen Abstecher in meine Kindheit machen. Ich war sechs oder sieben Jahre alt und wohnte in einem kleinen Ort zwischen Haarlem und Amsterdam. Meine Eltern wollten in die Großstadt umziehen und waren sehr beschäftigt. Ich weiß noch gut, dass ich von den örtlichen Pfadfindern Abschied nehmen musste. Meine Tante war dort aktiv und begleitete mich am Tag des Umzugs und des Abschieds. Es stürmte damals so sehr, dass ich das Gefühl hatte, weggepustet zu werden. Ich werde nie die angstvollen Minuten vergessen, in denen es mir nicht gelang, gegen den Sturm anzuatmen. Ich dachte wirklich, dass die Welt unterginge. Und bildlich gesprochen passierte das auch, denn ich wurde an diesem Tag aus meinem kleinen Dorf weggepustet, aus der sicheren und geborgenen Umgebung. Alles, was mir lieb und teuer war, wurde aufgewirbelt und aus meinem Leben weggeweht: die Straße von Oma und Opa, das Fußballfeld vor dem Haus, der Schulhof hinterm Haus, die Kirche und mein Geburtsort. Ich hatte an diesem Tag keinen festen Boden mehr unter den Füßen. Und der große Übeltäter war der Sturm.

Jedes Mal, wenn es stürmt, muss ich an diesen Tag zurückdenken, an dem ich mich von meinem Dorf verabschiedete. Jedes Mal, wenn es kräftiger weht, als es einem Menschen gut tut, fühle ich mich einen Moment lang wieder wie das Kind von sechs oder sieben Jahren. Jedes Mal, wenn eine Sturmwarnung ausgegeben wird, erfahre ich wieder das ängstliche Gefühl meiner Kindheit. Ich habe damals gelernt, dass ich nichts bedeute, wenn es wirklich stürmt, und dass ich einfach so weggepustet werden kann.

Eigentlich hat sich in all den Jahren nicht so viel verändert, lernte ich während der Stürme in dieser Woche. Wir sind kleine und nichtige Menschen, die unvermittelt zum Spielball der Schöpfung werden können. Wir glauben, dass wir in diesem Dasein alles tun und regeln können; wir leben in der Illusion, dass wir alles planen und vorbestimmen können, aber in diesen stürmischen Tagen lernen wir eine andere Lektion. Vielleicht noch mehr als früher fühlen wir uns heute hilflos. Wenn alles ausfällt, wenn Züge, Autos und Schiffe nicht mehr fahren und Flüge abgesagt werden, wenn die moderne Technik uns im Stich lässt, wissen wir erst einmal nicht mehr weiter. Es muss nur einmal heftig schneien oder eben stürmen und Herbstblätter regnen, und alles wird durcheinander gebracht. Es reicht heutzutage schon, eine Sturmwarnung auszugeben, und alle lassen die Arbeit ruhen und eilen nach Hause. Wir sind verwundbarer denn je.

Und doch hat diese Verletzlichkeit auch ihre guten Seiten. Wir lernen wieder, einander zu begegnen. Alle, die nicht weiterreisen konnten und auf Bahnhöfen strandeten, durften in einer Turnhalle schlafen und mussten so miteinander reden. Der Sturm brachte die Menschen zueinander und wurde zu einer Übung in Geschwisterlichkeit und Solidarität. Ein Kolumnist schrieb auf der Titelseite einer großen überregionalen Zeitung, dass es schade sei, dass der Sturm nur von kurzer Dauer war. Von ihm aus hätte das Unwetter länger währen dürfen, denn endlich geschah etwas zwischen den Menschen. Als der Sturm vorbei war, war es auch mit der Geschwisterlichkeit vorbei. Jeder und jede ging wieder seines oder ihres eigenen Weges.

BRIEF 3

ANSELM GRÜN

Wir sind nicht Herren unserer Zeit

Lieber Leo,

meine Erfahrung mit dem Wind in der Kindheit war anders. Ich kann mich nicht an einen so bedrohlichen Sturm erinnern, wie wir ihn letzte Woche erlebt haben. Für mich war Wind immer etwas Faszinierendes. Wir stellten uns als Kinder in den Wind und ließen uns durchblasen. Nachher fühlte ich mich innerlich wie gereinigt. Aber in der vergangenen Woche erlebte ich den Wind auch als Gefährdung. Ich sollte einen Vortrag halten, etwa 200 Kilometer von der Abtei entfernt. Mir war schon etwas bange, ob die Fahrt mit dem Auto wohl gut verlaufen würde. Nachts sollte ich dann wieder zurückfahren. Ich war erleichtert, als der Veranstalter anrief und mitteilte, dass das Landratsamt alle öffentlichen Veranstaltungen abgesagt habe, weil es zu gefährlich sei. Als ich am nächsten Tag die Zeitung las, war ich froh, dass ich nicht gefahren war. So viele Bäume sind umgefallen. Straßen waren gesperrt. Weder mit dem Auto noch mit dem Zug wäre ich weit gekommen. Aller Verkehr kam zum Erliegen.

Das hat mich auch daran erinnert, wie relativ alles ist. Wir vereinbaren Termine oft schon über ein Jahr im Voraus. Aber wir sind nicht Herren über unsere Zeit. Ein Unwetter kann uns einen Strich durch die Rechnung machen. Wind oder Schnee werfen all unsere Planungen über den Haufen. Da ist mir neu aufgegangen, was die Redewendung „So Gott will“ besagt. Ältere Mitbrüder sagen das oft, wenn wir von einem Ereignis in der Zukunft sprechen: „So Gott will." Wir sind nicht Herren über unsere Zeit. Wir sind in allem abhängig von Gott.

Der Sturm hat Ihnen als Kind den festen Boden unter den Füßen weggezogen. Alles war auf einmal unsicher. Er hat Ihnen die Sicherheit und Geborgenheit der Heimat genommen. Ich erfahre diese Bedrohung, wenn die Straßen eisglatt sind. Da nützt das beste Fahrverhalten nicht mehr. Da kann ich nur vertrauen, dass Gott mir eine sichere Fahrt schenkt. Aber ich spüre meine Ohnmacht. Ich kann mich nur in Gottes Schutz begeben.

Die Natur kann uns vieles lehren. Wir bewundern ihre Schönheit. Aber wir erleben sie auch als eine Macht, die größer ist als wir selbst. Da braucht es Demut, um sich als Teil der Schöpfung zu verstehen und sich nicht über sie zu erheben. Ich muss anerkennen, dass die Natur nicht nur wunderbar ist, sondern auch gewalttätig und grausam sein kann. In dieser Macht begegnet mir – wie damals dem Hiob – der ganz andere Gott, der alle meine Gottesbilder zerbricht und mich dazu drängt, mich in die Unbegreiflichkeit seiner Größe und Macht zu ergeben.

BRIEF 4
LEO FIJEN

Mein Vater ist gefangen in sich selbst

Lieber Pater Anselm,

mein Vater feiert nächste Woche seinen Geburtstag, er erreicht dann das gesegnete Alter von 82 Jahren. Aber im gegenwärtigen Abschnitt seines Lebens kann er den Segen seines Geburtstages nicht spüren. Er muss buchstäblich ums Überleben kämpfen. Körperlich scheint es ihm gut zu gehen. Nur das Laufen fällt ihm schwer. Er verfügt über eine einigermaßen gute Gesundheit, und seine Auffassungsgabe ist noch sehr gut. In der Hinsicht ist alles in Ordnung. Aber seiner Seele geht es weniger gut, und hier ist er im Kampf mit sich selbst.

Es scheint, als würde der seelische Schmerz meines Vaters in den letzten Monaten immer akuter. Manchmal schreit er ihn buchstäblich hinaus. Dann ruft er nachts meine jüngste Schwester an, die in seiner Nähe wohnt. Er hält es dann nicht länger aus und traut sich auch nicht, länger allein zu bleiben. Von Zeit zu Zeit fühlt er sich so bedrängt, dass er sogar körperlichen Schmerz empfindet und deswegen weder ruhig sitzen noch liegen kann.

Mein Bruder und meine Schwestern glauben, dass er es vor allem deshalb so schwer hat, weil er nun ohne seine Frau, unsere Mutter also, auskommen muss. Sie starb vor 15 Monaten im Alter von 73 Jahren, nach einem Leben voller Schmerz und Leid.

Vor allem in den ersten Monaten nach dem Tod meiner Mutter war mein Vater sehr traurig und weinte viel. Aber nach acht Monaten schien es, dass er sich wieder fing. Er schaffte es wieder, seine täglichen ehrenamtlichen Aufgaben zu übernehmen. Er brachte die heilige Kommunion wieder bei den vielen alten und kranken Leuten vorbei, sang wieder im Gemeindechor mit und wagte sich sogar an Neues heran. Er hatte den Mut, zum ersten Mal mit der „Zonnebloem“[2] mitzufahren und die Rundfahrt durch die Amsterdamer Grachten zu genießen. All diese Aktivitäten verschafften ihm Befriedigung. Mein Vater schien wieder ein wenig auf die Beine zu kommen und ein neuer Mensch zu werden. Er suchte nach neuen Perspektiven und fand neue Freundschaften. Das war eine gute Zeit für ihn und uns Kinder.

Der große Rückschlag kam genau ein Jahr nach dem Tod seiner Frau. Mein Vater wurde zu jenem Zeitpunkt ein anderer Vater und ist das immer noch. Er hatte jahrelang für meine Mutter gesorgt, war oft überfordert gewesen, aber ihm schien die tägliche Sorge zu fehlen, seit es seine Frau nicht mehr gab. Vielleicht vermisste er am meisten ihren starken Charakter. Er hatte immer seine Frau als jemanden empfunden, an den er sich anlehnen konnte. Jetzt hatte er niemanden mehr und kam deshalb immer öfter aus dem Gleichgewicht. Er selbst sagte, dass er während dieser Monate dazu gezwungen wurde, diese Leere in sich selbst aufs Neue zu entdecken. Das machte ihn nervös, und das ist er immer noch. Manchmal denke ich, dass ihm jetzt erst richtig klar wird, dass seine Frau gestorben ist und nie mehr zurückkommt. Mein Vater muss wirklich ganz alleine zurecht kommen, das scheint ihm klar zu werden.

Ich will meinem Vater helfen, und mein Bruder und die Schwestern sind ebenfalls häufig bei ihm, aber wir kommen nicht an ihn heran. Es scheint, als könnten wir ihn in seiner Einsamkeit nicht erreichen. Er ist gefangen in sich selbst und kann den Schlüssel nicht mehr finden, um die Tür zu seinem Herzen zu öffnen – so drückt es meine Frau aus. Ich kann es nicht besser umschreiben, mein Vater ist gefangen in sich selbst. Und ich kann den Schlüssel ebenfalls nicht finden

---

[2] Die Stiftung „Zonnebloem“ kümmert sich in den Niederlanden um Alte, Kranke und Behinderte und betreibt die „MS Zonnebloem“ (Anm. d. Ü.).

und ihn also ebenfalls nicht erreichen. Das gibt mir ein Gefühl der Machtlosigkeit. Das Einzige, was mir bleibt, ist, ihm weiterhin zu sagen, dass ich ihn liebe, ihn noch öfter anzurufen, ihm Mut zu machen, noch öfter auf eine Tasse Kaffee vorbeizuschauen. Einmal im Monat hole ich ihn ab, damit er an dem betreffenden Wochenende unsere warmen Mahlzeiten mit uns teilt. Und an seinem Geburtstag besuche ich ihn zweimal, erst auf der Feier mit seinen Kindern und Enkeln, dann am Tag selbst, wenn seine Brüder, seine Schwester, seine Schwägerin und seine Freunde vorbeikommen. Ich gehe auf Nummer sicher. Vielleicht ist es ja das letzte Mal, dass er der Mittelpunkt seiner Familie ist. Darum trotze ich den Staus am Montagmorgen und überrasche ihn am Tag seines Geburtstags mit einem Besuch. Wenn alle Onkel und Tanten da sind und er den ganzen Morgen lang der strahlende Mittelpunkt sein wird, verabschiede ich mich, küsse ihn auf beide Wangen und betrachte noch einmal die versammelte Familie. Vielleicht kehrt dieses Bild im Haus meines Vaters nie wieder zurück.

Seine Stimme ist der Gradmesser seines Gemütszustandes. Wenn mein Vater heiser spricht, weiß ich, dass es ihm nicht gut geht. Immer häufiger scheint er seine kräftige Stimme von einst verloren zu haben. Ich würde viel darum geben, ihn auf die alte Manier poltern zu hören. Aber er kann nicht mehr. Seine Stimme scheint durch seine Nerven angegriffen, seine Worte kommen gebrochen aus seiner Kehle, seinen Sätzen gelingt es nicht mehr, die Einsamkeit seiner Seele zu überwinden. Ich rufe bei ihm zu Hause an und höre seine angegriffene Stimme. Er glaubt jedoch noch an seine Zukunft, was mich überrascht. Er möchte mich glauben machen, dass er Vertrauen in die Zukunft hat. Er glaubt wirklich, dass er wieder erstarken und genesen kann. Er will leben, trotz seines Seelenschmerzes, trotz der Kilos, die er abgenommen hat.

Ich glaube ihm das. Ich glaube ihm auch, wenn er sagt, dass die medizinischen Untersuchungen keine alarmierenden Ergebnisse geliefert haben. Mein Vater berichtet, dass er ruhiger werden muss, dass er Frieden in seinem Herzen suchen muss. Darum betet er mehr denn je, darum treffe ich ihn immer öfter mit Gebetbuch und Rosenkranz an. Das ist ein solch vertrautes Bild: der gebeugte Rücken meines Vaters, auf dem Stuhl ins Gebet vertieft. Er liest über Christus, der auch leiden musste, und schöpft daraus Kraft. Er kämpft gegen sein seelisches Leid und den rasanten Gewichtsverlust. Er tut dies, indem er weiterhin gut isst und betet. Ich bin stolz auf meinen Vater, denn in seinen schlechtesten Augenblicken ist er ein Vorbild der Hingabe an Gott und der Treue zum Leben. Er möchte leben, trotz seiner Einsamkeit.

BRIEF 4

ANSELM GRÜN

Das Gebet befreit uns nicht vom Leiden, aber es verwandelt den Schmerz

Lieber Leo,

Ihr Brief hat in mir verschiedene Gefühle und Gedanken ausgelöst. Da ist zum einen das Leiden an der Unerreichbarkeit des Vaters. Sie kommen nicht in Berührung mit Ihrem Vater und wissen nicht, wie Sie ihm helfen können. Auf der anderen Seite aber ist da auch der Stolz über Ihren Vater. Mitten in seinem Leiden hat er einen Weg gefunden, damit umzugehen. Und dieser Weg ist für ihn der Rosenkranz und das Beten mit seinem Gebetbuch. Da findet er mitten in der Depression Halt und Hoffnung und Kraft.

Dass der Tod des Ehepartners in eine tiefe Verunsicherung führt, habe ich schon öfter in Gesprächen erfahren. Da hat sich der Mann ganz auf die Frau eingelassen. Er hat nicht nur mit ihr gelebt, sondern ein Stück weit auch von ihr. Jetzt, da sie gestorben ist, ist er in seiner Identität verunsichert. Wer bin ich denn selber, ohne meine Frau? Die Trauer über den Verlust der Frau kann aber auch in eine neue Tiefe führen. Durch die Trauer kommen wir in Berührung mit dem inneren Potenzial unserer Seele, mit neuen Möglichkeiten, die in uns bereit liegen. Ihr Vater hat nach der Trauer erst einmal Halt in seinem Handeln nach außen gefunden. Doch dann hat ihn die Trauer wieder eingeholt und ihm gezeigt, dass er einen wesentlichen Teil noch nicht bearbeitet hat: die Frage nach seinem wahren Wesen, nach seinem wahren Selbst. Die Trauer führt uns durch verschiedene Phasen. Nach der ersten Phase voller Schmerzen meinen wir, wir hätten sie bewältigt. Doch dann bricht sie auf einmal von neuem auf. Und wir werden vor die Frage gestellt, auf welchen Grund wir unser Leben nun bauen können. Der Ehepartner ist von uns gegangen. Er ist bei Gott. Wir können Gott bitten, uns etwas von seinem Geist der Liebe zu schenken, so wie Jesus den Jüngern seinen Geist geschenkt hat, damit sie nun aus ihm leben. Aber zugleich müssen wir uns damit aussöhnen, dass wir jetzt allein sind. Wir brauchen einen neuen Grund für unser Leben. Für mich ist dieser feste Grund, auf dem wir unsere brüchig gewordene Existenz bauen können, Gott. Ihr Vater hat mitten in seinen Schmerzen diesen neuen Grund geschaffen, indem er im Gebet Halt und Ruhe findet. Das ist ein gutes Beispiel, wie das Gebet uns helfen kann, mit unserer Einsamkeit, mit unserem Schmerz, mit unserer Depression umzugehen. Das Gebet nimmt uns das Leiden nicht weg. Aber es verwandelt den Schmerz. Wir kreisen nicht mehr um unseren Schmerz, sondern lassen uns im Schmerz aufbrechen für Gott, für den in Christus leidenden Gott. So führt uns das Gebet mitten im Leiden zu einer vertieften Gotteserfahrung.

Wir wissen nicht, wie wir unser Älterwerden bewältigen werden, ob wir immer friedlicher, weiser und milder werden oder ob wir an uns leiden und nicht mehr wissen, wie wir mit dem Leben zurechtkommen sollen. Wir wissen nicht, ob uns der Glaube halten wird oder ob er uns verloren gehen wird. Aber wir dürfen darauf vertrauen, dass das Gebet uns einen Weg zeigt, mit dem Leid, das uns im Alter trifft, umzugehen – nicht als Helden, die über dem Leid stehen, sondern als verwundete und verletzbare Menschen, die sich durch das Leid immer mehr aufbrechen lassen für das Geheimnis der unbegreiflichen Liebe Gottes. Ich bete darum, dass mir die Gabe des Gebetes nie genommen wird. Dann wird alles andere, was mich im Alter erwartet, nicht mehr so wichtig sein.

BRIEF 5
LEO FIJEN

Loslassen ist das Schwierigste im Leben eines Menschen

Lieber Pater Anselm,

vor beinah 23 Jahren radelte ich mitten in der Nacht zum Krankenhaus an der Spaarne in Haarlem. Ich hatte einen Anruf mit der Bitte erhalten, so schnell wie möglich zur Marienstiftung zu kommen, weil meine Frau dort dabei war, unser zweites Kind zu gebären. Ich fühlte mich fremd und unwirklich, weil die Ärzte uns bis zu diesem Anruf versichert hatten, dass eine normale Geburt nicht zu erwarten sei. Ein Kaiserschnitt sei, wie bei unserem ersten Kind, die einzige Alternative. In jener Nacht des 30. März kam ich gerade noch rechtzeitig im Kreißsaal an, denn keine Viertelstunde später war unser Sohn Lennart auf der Welt. Nicht mit einem Kaiserschnitt kam er ins Leben, sondern auf ganz natürliche Weise. Das war die überwältigendste Erfahrung meines Lebens, die Geburt unseres Sohnes. Ich habe sie als ein Wunder erlebt, als einen Segen von oben, als ein Geschenk, das uns anvertraut wurde. Als ich meine Eltern anrief und ich ihnen erzählen wollte, dass wir nach einer gesunden Tochter nun einen Sohn bekommen hatten, brach meine Stimme, und ich bekam kein Wort mehr heraus. Ich weinte und weinte in den Telefonhörer hinein. Ich konnte einfach nicht glauben, dass Lennart auf normale Weise geboren worden war.

In all den Jahren danach habe ich nicht mehr so geweint wie damals im Kreißsaal der Marienstiftung. Bis vorige Woche, als ich gemeinsam mit meiner Frau Lennart zum Flughafen brachte. Der Sohn, der mir soviel Freude und Glück gebracht hat, reiste nach Asien. Das

Kind, das mich immer zärtlich gestimmt hat, rührte mich noch einmal. Nach der Passkontrolle winkte er zum letzten Mal. Und drehte sich danach nicht mehr um. Ganz allein zog er in die weite Welt, um seine eigene Identität zu finden, um die tiefste Stimme seines Herzens besser zu hören, um Menschen in Indien und Nepal zu begegnen. Erst als ich nach Hause kam, wurde mir klar, was geschehen war. Ich hatte ihn aus den Händen gegeben, ich hatte das getan, was in einem Menschenleben das Schwierigste ist: Loslassen. Ich sah seine Jacke noch an der Treppe hängen, seine Fußballschuhe auf dem Dachboden, seine zurückgelassene Kleidung auf dem Fußboden seines Zimmers liegen. Ich hatte ihn losgelassen und musste weinen, so wie ich das fast 23 Jahre nicht getan hatte.

Ich fühlte mich elend, verletzlich und ganz klein. Vielleicht eine Stunde lang saß ich im Wohnzimmer und starrte ins Leere. Ich dachte eigentlich an gar nichts und fragte mich, ob ich ihn jemals wiedersehen würde. Ich hatte das Gefühl, dass ich nicht mehr vollständig war – als hätte ich eine Amputation hinter mir. Meine Frau schob mich buchstäblich aufs Fahrrad und schickte mich zur Arbeit. Ein harter, kalter Wind wehte auf dem Radweg über das Weideland. Meine Tränen wurden vom Wind getrocknet, mein Kummer von der schneidenden Kälte weggepustet, und mein Herz kam zur Ruhe, als ich wie ein Besessener in die Pedale trat und ins Schwitzen kam. Es tat mir gut, so in der Schöpfung aufzugehen. Ich durfte teilhaben an etwas Größerem als meinem eigenen kleinen Kummer, ich kam wieder zu Atem durch den Atem des Schöpfers. Und ich wagte zu beten: Gott sei mit ihm, sei mit uns. Das tröstete mich.

BRIEF 5

ANSELM GRÜN

Loslassen heißt, den Sohn Gott überlassen

Lieber Leo,

als ich Ihren Brief las, konnte ich gut mitfühlen, wie schwer es für einen Vater sein muss, seinen Sohn loszulassen, ihn aus der Hand zu geben und ihn seinem Weg zu überlassen, von dem wir nicht wissen, was dieser Weg für ihn bringen wird. Von meinen Brüdern und Schwestern weiß ich, dass sie alle ihre Kinder loslassen wollten, damit sie in Freiheit ihren Weg gehen konnten. Aber als es so weit war, wirklich loszulassen, da war es schmerzlich und hat viele Tränen gekostet. Da ist es ein guter Weg, die Tränen herauszuweinen, gegen den Wind zu radeln und die einzigen Worte zu finden, die in dieser Situation helfen können, Worte des Gebetes: „Sei du mit ihm! Sei du mit uns!" Loslassen heißt, den Sohn Gott überlassen, darauf vertrauen, dass er seinen Weg unter den schützenden und segnenden Händen Gottes geht und dass dieser Weg ihn zum Leben, in die Freiheit und in die Liebe hinein führt.

Beim Lesen Ihres Briefes musste ich an die Geschichte denken, in der Abraham seinen Sohn Isaak opfern soll. Es ist eine Geschichte, die man natürlich verschieden auslegen kann. Wir wehren uns gegenüber dem Befehl Gottes, der Vater solle seinen Sohn opfern und schlachten. Das ist doch ein grausames Gottesbild. Doch wenn ich mich in den Vater hineinspüre, der seinen Sohn loslässt, dann bekommen für mich diese Bilder des Opferns und Schlachtens eine neue Bedeutung. Es sind Bilder für den Schmerz in der Seele des Vaters, der seinen Sohn loslässt und ihn Gott übergibt. Auf Gott hören, Gott gehorsam sein bedeutet dann: zu erkennen, dass der Sohn mir von Gott geschenkt wurde und nicht mir gehört, sondern Gott. Ich muss ihn loslassen, ihn Gott überlassen. Dann wird er mir auf neue Weise geschenkt. Abraham erfährt nach dem Loslassen Gottes Segen. Gott verheißt ihm, dass er ihm Segen schenken wird in Fülle und dass seine Nachkommen zahlreich werden wie die Sterne am Himmel (Gen 22, 17). Sie haben im Gebet etwas von diesem Segen erfahren. Sie haben einen neuen Frieden in Gott gefunden. Wenn uns aufgeht, dass wir alle in Gottes Hand sind, dann spüren wir eine neue Verbindung untereinander. Und zugleich erleben wir, dass wir von Gott getragen und geschützt werden. Das schenkt uns einen tiefen Frieden. Daher ist für mich ein guter Weg, die eigenen Kinder loszulassen, sie zu segnen. Indem ich sie segne, werde ich mir bewusst, dass sie unter Gottes segnender Hand leben. Sie sind in Gottes Hand. Und in Gottes Hand können die Kinder besser leben als unter meinen kontrollierenden und festhaltenden Händen. Indem ich meine Hand zum Segen öffne und durch meine Hände den Segen zum Sohn strömen lasse, erlebe ich selbst innere Freiheit und Frieden. Ich weiß: Wir alle stehen unter Gottes Segen. Ich darf vertrauen: Mein Sohn ist nicht nur gesegnet. Er ist selbst ein Segen, für mich und für unsere Familie. Aber er ist auch ein Segen für die Welt. Und auch ich darf ein Segen sein. Abraham wird gesegnet, nachdem er seinen Sohn freigegeben hat. Vielleicht ist das Loslassen auch für mich die Bedingung, dass ich zum Segen werde, dass alles, was ich in die Hand nehme, zum Segen wird für mich und für die Menschen.

BRIEF 6

LEO FIJEN

Wir sehnen uns nach Stille, Spiritualität und Verbundenheit

Lieber Pater Anselm,

die überraschendste Nachricht der letzten Zeit war die Bildung eines neuen Kabinetts in den Niederlanden. Was bis vor kurzem niemand für möglich gehalten hatte, ist dann hinter verschlossenen Türen doch geschehen. Die Führungsriegen der Parteien sind sich einig geworden. Das ist aus mehreren Gründen beachtenswert. Alle drei Parteivorsitzenden haben ihre Ausbildung an einer christlichen Universität genossen, alle drei wurden in protestantischen Familien erzogen, und alle drei präsentierten das neue Kabinett mit christlichen Begriffen wie Mitgefühl, Solidarität, Respekt vor dem Leben und Gemeinschaftssinn. Die Bildung einer christlich-sozialen Regierung war ein radikaler Bruch mit der jüngsten Vergangenheit liberalen Denkens. Die meisten Kommentatoren schreiben dann auch, dass mein Land sich zurückbewegt in die 1950er-Jahre, zurück zum Mief einer bevormundenden Kirche und eines gängelnden Staates.

Die Kommentatoren haben es schwierig mit der Rückkehr christlichen Denkens in den öffentlichen Sektor. Sie können das Geschehen auch vor dem Hintergrund der Statistiken mit sinkenden Zahlen von Gottesdienstbesuchern und Kirchenmitgliedern nicht einordnen. Nur noch vierzig Prozent der Niederländer bezeichnen sich als christlich, die meisten Niederländer sind nicht mehr Mitglied einer Kirche oder Anhänger einer religiösen Bewegung. Aber gleichzeitig streben immer mehr Niederländer nach Sinngebung und nennen sich immer öfter „gläubig". Und sie sagen auch laut, dass die Kirchen für die Moral und den Gemeinschaftssinn notwendig sind. Sie selbst gehen nicht in die Kirche, aber sie glauben, dass das Land nicht ohne die Kirchen und ihre Werte auskommen kann.

Der Wert von Religion und Kirche scheint in den Niederlanden doch stärker verankert zu sein, als viele dachten. Es ist in diesem Zusammenhang nicht so abwegig, dass es zu dieser neuen christlich-sozialen Koalition gekommen ist und man nun auch für etwas anderes eintritt: mehr Gemeinschaftssinn, mehr Aufmerksamkeit für nichtmaterielle Fragen, mehr Geld für Jugend und Familien, mehr Schutz für verletzliches Leben, mehr Nachhaltigkeit, eine höhere Priorität für Bildung, mehr Unterstützung für Problembezirke. Alles weist darauf hin, dass wir an einem Wendepunkt stehen.

Wir können mit der ganzen Welt kommunizieren und tun das auch den ganzen Tag lang, aber wir sind mit niemandem mehr wirklich verbunden. Wir hetzen bei der Arbeit von einem Projekt zum anderen, aber tiefste Spiritualität finden wir auf diese Weise nicht. Wir leben in einer globalen Welt, sind aber nirgendwo mehr zu Hause. Wir sehnen uns darum immer mehr nach echter Aufmerksamkeit, echter Spiritualität, nach echter Verbundenheit. Uns wird klar, dass moralische Integrität gelehrt werden muss, dass Kirchen Werte pflegen und dass Gott noch nicht aus den Herzen der Menschen verschwunden ist. Es scheint, als gäbe es einen neuen Frühling.

Das erfüllt mich mit Freude. Denn was vor zehn Jahren noch als altmodisch und zurückgeblieben galt, steht jetzt wieder auf der gesellschaftlichen Agenda. Gott ist in die Niederlande zurückgekehrt, auch wenn das immer öfter außerhalb der Kirche in einer Glaubensform geschieht, die bunter, verschiedenartiger und individueller ist als früher.

BRIEF 6

ANSELM GRÜN

Wer wurzellos lebt, verliert den Halt

Lieber Leo,

über die Rückkehr der Religion wird auch in unserem Land in letzter Zeit viel diskutiert. Bei uns wird es weniger an einer neuen Regierung festgemacht, sondern am steigenden Interesse an religiösen Ritualen. Der Weltjugendtag, das Interesse der Jugend an der Botschaft des Papstes, die Neugier für die alten kirchlichen Rituale einer Papstweihe, all das hat die Medien überrascht. Manche meinen, das religiöse Interesse sei nur Teil unserer „Event-Kultur". Doch ich bin da anderer Meinung.

Meine Erfahrung ist, dass gerade Menschen, die in der Wirtschaft Verantwortung haben, ein neues Interesse an religiösen Fragen und an Spiritualität haben. Das war vor zehn Jahren noch nicht so. Diese Menschen haben die Erfahrung gemacht, dass man nur mit Gewinnmaximierung nicht weiterkommt und nicht glücklich wird. Wenn das Ziel der Gesellschaft nur in wachsendem Wohlstand besteht, dann wird die Gesellschaft hohl.

Da ist einmal die Sehnsucht nach ethischen Werten in der Wirtschaft. Aber zugleich fangen viele Führungskräfte an zu meditieren, sich ins Kloster zurückzuziehen und sich für spirituelle Wege zu interessieren. Diese Offenheit für Spiritualität beobachte ich auch bei vielen Psychologen. Waren vor 20 Jahren die meisten Psychologen der Kirche und ihren Ritualen gegenüber eher skeptisch eingestellt, ist da jetzt ein neues Interesse erwacht. Die Psychologen spüren, dass sie selbst und ihre Klienten die religiösen Wurzeln brauchen, damit das Leben gelingt. Wer wurzellos lebt, wird haltlos. Und die Haltlosigkeit ist die Ursache vieler Krankheiten.

Ein ähnliches Interesse für die Religion, gerade auch für die christliche Religion, erlebe ich bei den Medien. Auch rein weltliche Medien beschäftigen sich mit religiösen Fragen. Vor 20 Jahren richtete sich das spirituelle Interesse mehr auf östliche Religionen und ihre Meditationstechniken. In den letzten Jahren spüre ich eine größere Offenheit für die christlichen Wurzeln.

Für mich hat die Kirche heute eine große Verantwortung, auf die religiösen Fragen und Sehnsüchte der Menschen angemessen zu antworten. Sich nur zu freuen, dass die Menschen zur Religion zurückkehren und die Kirche wieder mehr Einfluss gewinnt, genügt nicht. Die Kirche muss die Sprache finden, mit der sie Menschen in ihrer Sehnsucht nach Spiritualität berührt. Zugleich brauchen wir aber auch einen kritischen Blick, um die Spiritualität, die den Menschen zu Gott und zur Verantwortung für die Menschen, zu größerer Solidarität und Achtsamkeit für die an den Rand Gedrängten führt, von einer Spiritualität zu unterscheiden, die nur um das Sich-Wohlfühlen kreist und letztlich in eine narzisstische Regression mündet. Gerade die christliche Tradition kann uns zeigen, dass es keine Spiritualität gibt, die nicht auch diese Welt gestaltet und sich den armen und schwachen Menschen zuwendet.

Mich hat die Aussage des jüdischen Philosophen Max Horkheimer, des Begründers der Frankfurter Schule, bewegt. Er meint, die religiösen Gottesdienste und Rituale hätten die Funktion, in unserer Gesellschaft die Sehnsucht nach dem ganz anderen, die Sehnsucht nach wahrer Gerechtigkeit wach zu halten. Ohne diese Sehnsucht nach etwas, was unsere Welt übersteigt, ohne diese Sehnsucht nach Transzendenz, nach Gott – so meint Horkheimer – wird unsere Gesellschaft totalitär, grausam und unmenschlich. Ohne Sehnsucht nach Gott kann der Mensch auf Dauer nicht leben.

Ich bin dankbar, dass heute ein neues Interesse für Spiritualität und Religion die Menschen bewegt. Aber ich sehe auch die Verantwortung, der Sehnsucht der Menschen angemessen zu antworten, damit die Menschen ihren Weg zu Gott finden, aber zugleich frei werden von dem Kreisen um sich selbst und sich im Geiste Jesu für die Menschen engagieren.

BRIEF 7

LEO FIJEN

Radeln durch die Dünen ist eine Übung in Vertrauen und Dankbarkeit

Lieber Pater Anselm,

jedes Jahr fahre ich für ein paar Tage nach Ameland. Am liebsten bin ich dort in der Zeit zwischen Winter und Frühjahr, wenn fast keine Touristen dort sind und Meer, Strand, Dünen und Wind mich auf mich selbst zurückwerfen. Eigentlich komme ich auf diese schöne Insel, um meine Seele rein zu waschen. Am tiefsten erfahre ich dies auf meiner Radtour durch die Dünen, vom Leuchtturm bis zum Naturschutzgebiet Het Oerd. Wenn ich mich gegen Sturm und Regen abrackere, hilft mir nichts von dem, was jeden Tag mein Leben bestimmt: Zuschauerzahlen, Marktanteile und Meetings. Wenn ich gegen den scharfen Wind fast nicht mehr atmen kann, werde ich mit meiner Nichtigkeit konfrontiert und mir bleibt nichts anderes übrig, als den Rücken krumm zu machen und so kräftig in die Pedale zu treten, bis mir der Kopf schmerzt. Als mir dann mitten in den Dünen der Reifen platzt, schaue ich mich hilflos um und bin völlig alleine.

Auf dem Muschelpfad zwischen Hollum und Nes ist kein Mensch zu sehen. Mein Handy funktioniert nicht an diesem entlegenen Ort, ich bin gänzlich auf mich gestellt. So stehe ich da mit meinem Leihrad, mit dem platten Reifen. Aber das Glück ist auf meiner Seite, weil zwei Ameländer mit ihrem Firmenwagen über den Radweg vorbeigefahren kommen. Sie dürfen das, weil sie für die Stadt arbeiten und den ganzen Tag über Pfähle in den Boden schlagen. Als sie meine Geschichte hören, werfen sie das Rad auf ihre Ladefläche und fahren mich zurück zur Fahrradwerkstatt. Ich erhalte eine Lektion in Vertrauen. Sie zeigen mir im Auto den Rosenkranz, der vor der Windschutzscheibe baumelt. „Am Strand gefunden, hängt immer im Wagen. Wir sind niemals allein“, erklären sie. „Und du bist auch nicht alleine, wenn du durch die Dünen radelst“, ergänzen sie. Ich bedanke mich bei ihnen für die Hilfe und die Lektion, winke ihnen nach und bekomme in der Werkstatt ein neues Fahrrad mit auf den Weg.

Es regnet immer stärker und der Wind weht immer kräftiger. Es kostet mich fast eine Stunde, bis ich die letzten Kilometer zurückgelegt habe. Ich bin im Niemandsland der Natur. Hierhin kann kein Auto kommen, der Zugang ist nur Radfahrern und Wanderern möglich. Bei diesem schlechten Wetter kommt niemand auf den Gedanken zu wandern oder Rad zu fahren. Ich bin völlig alleine. Aber wieder ist alles anders, als ich denke. Denn als ich beim Aussichtsturm des Naturschutzgebietes ankomme, sehe ich zwei Menschen. Ein älterer Mann und eine ältere Frau grüßen mich. Ich finde es schön, bei diesem Unwetter nicht alleine an diesem abgelegenen Ort zu sein. Und ich finde es noch schöner, dass die Frau mich anspricht. Ich traue meinen Ohren nicht: Ich kenne sie nicht, bin ihr noch nie begegnet, aber sie fragt mich ob meine Familie aus Halfweg kommt und Fijen heißt. Ich entgegne ihr, dass das so sei. Und sie fängt an, von meinem Vater zu erzählen. Wie ist das möglich? Am abgelegensten Ort dieser Insel, in Regen und Wind, wartet eine Frau auf mich, um mir von meinem Vater zu erzählen. Sie hat in derselben Straße wie er gewohnt und will wissen, wie es ihm geht. Ich erzähle ihr, dass es ihm nicht gut geht.

Durch die Dünen radeln auf Ameland, durch Sturm, Regen und Öde: Das ist eine Übung in Vertrauen und Dankbarkeit, das ist die Entdeckung, dass Engel auf meinen Pfad geschickt werden. Als ich auf dem Rückweg wieder schier im Regen ersaufe, beginnt gleichzeitig die Sonne zu scheinen und es bildet sich ein Regenbogen. Ich sitze auf dem Fahrrad, muss lachen und denke an die Worte der zwei Insulaner, die mir geholfen hatten: „Gott lässt dich nie alleine.“

BRIEF 7
ANSELM GRÜN

Wenn Menschen zu Engeln werden

Lieber Leo,

es freut mich, dass Sie inmitten der einsamen Insel dreimal die Erfahrung von Engeln machen durften. Engel, so sagt uns die Theologie, sind Boten Gottes. Gott schickt sie uns gerade im rechten Augenblick.

Menschen können zu Engeln werden. Zweimal hat Gott Ihnen Menschen geschickt, einmal als Helfer bei der Reifenpanne. Dort, wo wir allein sind, dürfen wir erfahren, dass ein Engel bei uns ist. Der Inselbewohner hat es wunderbar ausgedrückt: „Wir sind niemals allein." Wenn wir beten, erfahren wir Gottes heilende und liebende Nähe um uns herum. Und manchmal schickt uns Gott dann einen Engel, der uns hilft, der uns berührt und aufrichtet wie den Elija, als er unter dem Ginsterstrauch schlief. Die beiden Inselbewohner waren sehr handfeste Engel. Sie haben Ihr Fahrrad und Sie selbst in ihrem Auto mitgenommen und Sie zur Fahrradwerkstatt gefahren. Das war genau die Hilfe, die Sie gerade brauchten.

Am Ort der Stille hat Gott Ihnen zwei andere Engel geschickt. Es sind gleichsam Deutungsengel, so wie am Grab Christi die Engel den Frauen das leere Grab deuten: „Der Herr ist auferstanden." Die beiden alten Leute erzählen Ihnen von Ihrem Vater. Von außen her haben sie eine Sicht auf Ihren Vater, die Ihnen Neues erschließt. Die beiden Alten werden für Sie zum Engel. Sie geben Ihnen das Gefühl, dass Sie überall auf der Welt daheim sind. Dort, wo Engel uns begleiten, dort, wo Menschen uns Liebe schenken, dort sind wir daheim. Dort erfahren wir mitten im Gespräch etwas von dem Geheimnis von Gottes liebender Nähe.

Der dritte Engel, den Gott Ihnen schickt, ist der Regenbogen. Die Theologie sagt uns, dass Engel geistig geschaffene Wesen sind und personale Mächte. Sie sind keine Personen, die man nebeneinander stellen könnte. Aber als geschaffene Wesen sind sie erfahrbar. Der Regenbogen ist erfahrbar. Sie haben ihn gesehen. Und Sie haben ihn nicht als Zufall erlebt, sondern als einen Boten Gottes. Durch den Regenbogen will Gott Ihnen sagen: „Ich bin bei dir. Meine Gnade begleitet dich immer und überall." Der Regenbogen ist ja ein Zeichen des Bundes zwischen Gott und den Menschen. Gott hat sich an uns gebunden. Er lässt uns nicht allein. Er verkündet uns den Frieden zwischen Himmel und Erde.

Noch ein Letztes ist mir in Ihrem Bericht wichtig: Sie fühlen sich innerlich gereinigt. Die Fahrt durch Regen und Sturm hat nicht nur Ihren Leib, sondern auch Ihre Seele gereinigt. Die Reinigung von Leib und Seele ist ja das Ziel der Fastenzeit. Es tut uns gut, wenn unser Leib von Schlacken befreit wird und wenn all das Verstaubte und Verschmutzte, das sich auf unsere Seele gelegt hat, weggewaschen wird und wir wieder frei atmen können. Die innere Klarheit und Lauterkeit macht uns glücklich. In so einem Augenblick spüren wir, was Jesus mit seiner Seligpreisung gemeint hat: „Glückselig sind die, die ein reines Herz haben. Sie werden Gott schauen." (Mt 5, 8)

BRIEF 8

LEO FIJEN

Ich kann nicht mehr ohne die Stille leben

Lieber Pater Anselm,

zum zweiten Mal habe ich den Film „Die große Stille“ gesehen. Das ist ein bemerkenswerter Film über das Leben der Kartäuser in den Bergen, die die französische Stadt Grenoble umringen. Die Kartäuser führen ein strenges Leben in Stille und Einsamkeit. Sie verbleiben die meiste Zeit des Tages in ihrer Zelle, schweigen vor allem und leben eigentlich als Einsiedler. Der Film ist bemerkenswert, weil die Kartäuser zunächst kein Einverständnis gegeben haben, ihr Leben mit der Kamera zu begleiten, und weil im Film länger als drei Stunden geschwiegen wird. Ich sehe die Jahreszeiten, den Chorgesang um Mitternacht, die Mahlzeiten, eine ewige Profess und einen Mönch in seiner Zelle. Und immer ist die Stille da, so wie sie im Kloster „La Grande Chartreuse“ gelebt wird. Diese Stille haben bereits Hunderttausende Menschen in der ganzen Welt angeschaut und ihr zugehört. Der Film ist ein gewaltiger Erfolg. Das sagt viel aus über die Sehnsucht nach Stille in unserer Zeit.

Ich glaube nicht, dass die Kinobesucher sich darüber im Klaren sind, was es bedeutet, in dieser Stille zu leben. Vor drei Jahren war ich für eine Klosterserie unserer Sendung „Kreuzungspunkt“ zu Gast beim Prior dieser Kartäuser, dem Niederländer Marcellin Theeuwes. Normalerweise erhält niemand Zutritt zum Kloster, auch nicht die engsten Familienmitglieder der Mönche. Ich erhielt die absolute Ausnahmegenehmigung, gute zwölf Stunden im Kloster zu verbringen.

Ich schlief in Zelle Nummer Eins, bekam Essen durch die Luke gereicht, verbrachte einige Stunden betend, schaute auf die Berge und fühlte mich von der Stille überwältigt. Noch nie in meinem Leben war es so still. Ich hörte nichts. Keine Türen, die auf- und zugingen, keine Geräusche von außen, keinen Gesang in der Ferne, keine Schritte auf dem Gang. Es war so überwältigend, es kann bedrohlich wirken, wenn der Aufenthalt in solch einer Zelle länger dauert. Ich weiß seitdem, dass die Stille herausfordernd ist, Fragen an die eigene Seele stellt. Und ich habe erfahren, dass Stille in der Nacht eine eigene Dimension bekommt. Denn dann ist es eine noch größere Herausforderung in der Zelle, dann ist es einsamer in diesem kalten Raum, dann ist es noch stiller als still.

Aber ich solle doch die Antwort auf die Stille nicht nur in der Klosterzelle suchen, sagte mir der Prior aus Brabant. Er nahm mich mit in die Berge rund um das Kloster und erklärte, dass die Natur draußen genau so viel über das Abenteuer der Seele zum Ausdruck bringt wie die umschlossenen Räume.

Er ging mit mir über glitschige Pfade, wies auf die bizarren Felsen hin, sah in den blauen Himmel, zeigte mir in den Wäldern den Weg. All diese Ausdrucksformen der Schöpfung machen einen Menschen still, sagte er. Die Stille ist notwendig, um zu wagen, die Tür zum eigenen Herzen zu öffnen, meinte er. Stille ist so wichtig, um dir selbst zuhören zu können, um zu lernen, was in den tiefsten Tiefen des eigenen Selbst vor sich geht und um zu entdecken, dass der weiteste Horizont, nach dem wir uns alle sehnen, tief in uns selbst liegt, so der Prior.

Stille ist der Weg, um das Herz zu öffnen, sich die Schattenseiten seines Lebens vor Augen zu halten und sich in aller Ehrlichkeit Gott zu zeigen. Wer das wagt, hat nichts mehr zu verbergen und wird frei wie ein Vogel. Ich brauche deshalb nicht mehr durch die Welt zu ziehen, ich kann hier in diesem Kloster bleiben, denn ich besitze schon die ganze Welt, erklärt er mir lachend.

Aber dieser zugewandte gastfreundliche und die Dinge ins rechte Verhältnis setzende Mann aus Brabant wies mich noch auf etwas anderes hin: Stille ist nicht möglich ohne die Gemeinschaft um einen herum. In der Stille erfährt man die Kraft der Gemeinschaft mehr als in Gesprächen. In der Stille wächst der Raum, um sich dem Anderen zu nähern, um offen zu sein für die gesamte Gemeinschaft. Marcellin Theeuwes nannte Stille die Voraussetzung für ein gemeinschaftlicheres Leben, nicht nur im Kloster, sondern auch in der Gesellschaft. Mehr noch, es wird mehr Verbundenheit geben in der Welt, wenn mehr Stille da ist.

Seit diesem Klosterbesuch versuche ich, der Stille auch einen Platz in meinem Leben zu geben. Ich weiß, dass mir das tagsüber fast nicht gelingt. Also entscheide ich mich dafür, etwas früher aufzustehen und die erste halbe Stunde des Tages in Stille zu verbringen. Ich bin alleine unten, mache das Radio nicht an, blicke nicht auf den Teletext und sage mir, dass die Nachrichten in drei Stunden noch dieselben Nachrichten sein werden. Wenn ich so den Tag beginne, ist mehr Frieden in meinem Herzen, lebe ich aufmerksamer und bin offener für die Fragen, die auf mich zukommen. Wenn ich die Stille vernachlässige, verschließe ich mich, habe keinen Raum mehr in meinem Herzen und bin nicht mehr aufnahmefähig. Dann reden die Menschen zwar mit mir, aber das meiste entgeht mir. Ich kann nicht mehr ohne die Stille leben.

BRIEF 8

ANSELM GRÜN

Der erste Schritt der Selbstbegegnung ist wichtig, um tiefer in die Stille zu gelangen

Lieber Leo,

von dem Film „Die große Stille" habe ich gehört, ihn aber leider nicht gesehen. Aber es fasziniert mich, dass so viele Menschen diesen Film anschauen. Offensichtlich ist das Bedürfnis nach Stille groß. Für mich als Mönch ist das Schweigen ja ein wichtiger spiritueller Weg. Die Mönche unterscheiden allerdings zwischen Stille (silentium) und Schweigen (tacere). Die Stille ist mir vorgegeben. Wenn ich eine romanische Kirche betrete, umgibt mich Stille. Der Raum atmet Stille. Die Natur ist still. Diese Stille, in die ich eintauchen kann, tut mir gut. Sie beruhigt mich. Schweigen ist dagegen eher das, was ich selbst tun muss. Es ist für die Mönche ein asketisches Tun. Es ist nicht so leicht, zu schweigen. Die inneren Gedanken lärmen ständig. Wenn ich wirklich schweige, dann komme ich mit meiner eigenen inneren Wirklichkeit in Berührung. Da spüre ich die innere Unruhe, meine Fluchtversuche vor mir selbst und meiner Wahrheit, meine Enttäuschung, meinen Ärger, meine Angst. Viele fühlen sich unfähig zu schweigen. In ihren Gedanken urteilen sie immer schon über andere. Sie sind mit ihren Gedanken bei den anderen und nicht bei sich. Sie lenken von sich ab, weil sie die eigene Wahrheit nicht aushalten können. Doch dieser erste Schritt der Selbstbegegnung ist wichtig, um tiefer in die Stille zu gelangen, die heilsam ist. Jesus sagt: „Die Wahrheit wird euch frei machen." (Joh 8, 32) Nur wer seine Wahrheit aushält, wird die Stille als etwas Befreiendes erleben. Doch die Bedingung dafür ist, dass ich aufhöre zu bewerten. Viele werden nie still, weil sie immerzu sich selbst und andere bewerten.

Wenn ich im Schweigen mir selbst begegnet bin, dann beginnt der befreiende und heilende Prozess des Schweigens. Ich lasse die Gedanken los, die in mir aufkommen. Und auf einmal erfahre ich eine Stille, die mich umfängt. Und ich entdecke in mir selbst einen Raum, in dem es ganz still ist. Es ist der innere Raum, in dem Gott selbst in mir wohnt. Dort hat der Lärm der Welt keinen Zutritt, dort können die Erwartungen und Beurteilungen der Menschen und auch die Selbstentwertungen nicht vordringen. Dort, im reinen Schweigen, wohnt Gott in mir. Und wo Gott in mir wohnt, bin ich wahrhaft frei.

Manchmal hilft es, in einen äußeren Raum der Stille einzutreten, um mit dem inneren Raum der Stille in Berührung zu kommen. Wenn ich etwa in eine Kirche trete, die Stille atmet, die gebaute Stille ist, dann erlebe ich mich selbst anders. Dann wird es in mir still und ich ahne etwas von dem Raum der Stille in mir, in dem Gott selbst wohnt. Oder wenn ich in einem Wald spazieren gehe und kein Auto, kein Flugzeug und keinen Maschinenlärm höre, sondern nur das Rauschen des Windes, dann erlebe ich die Stille als heilsamen Raum. In der Stille wird es in mir weit. Ich atme auf. Ich fühle mich wie erfrischt, wie rein gewaschen vom Schmutz des inneren Lärms. Nach solchen Erfahrungen von Stille sehnen sich die Menschen. Aber oft gelangen sie nicht zu dieser Erfahrung, weil sie den ersten Schritt der Selbstbegegnung nicht auszuhalten vermögen. In dieser Situation brauchen sie die Begegnung mit Menschen, die Stille ausstrahlen wie die Kartäusermönche, damit sie durch deren Stille den Mut finden, das eigene Schweigen zu wagen und so zu der Stille zu gelangen, die heilt und befreit, die reinigt und erfrischt.

BRIEF 9

LEO FIJEN

Niemand spricht über seinen eigenen Tod

Lieber Pater Anselm,

es war ein kurzer Leserbrief in einer der christlichen Zeitungen der Niederlande. Der Verfasser ging auf die Diskussion über Sterbehilfe, Hilfe zur Selbsttötung, Sterben und palliative Pflege ein. Immer wieder aufs Neue wütet eine öffentliche Debatte über die verschiedenen Formen eines Lebensendes. Der Verfasser des Briefes wunderte sich darüber, dass niemand in dieser Debatte über seinen eigenen Tod sprach. Wir reden zwar über den öffentlichen Tod, schweigen aber über unseren eigenen. Wir haben nicht den Mut, über die letzte Phase unseres eigenen Lebens nachzudenken und zu reden.

Ich las diesen Brief genau in dem Moment, in dem mein Vater ins Krankenhaus gebracht wurde. Es ging nicht mehr länger zu Hause, er wurde zusehends schwächer, konnte nicht mehr aus eigener Kraft aufstehen und sich waschen. Er hat inzwischen auch ziemlich viel an Gewicht verloren und wusste immer noch nicht, was mit ihm los war. Nach wie vor dachte er, dass es etwas mit seinem Kopf zu tun habe und auch wir, die Kinder, verharrten in dem Glauben, dass er immer noch in sich selbst gefangen sei und den Schlüssel verloren habe. Alle waren erleichtert, dass mein Vater endlich ins Krankenhaus kam und dort in der geriatrischen Abteilung gründlich untersucht wurde. Beim Aufnahmegespräch fragten die Ärzte ihn, ob er jemals an seinen eigenen Tod denke. Mein Vater saß vornübergebeugt auf seinem Stuhl, lehnte sich gegen seinen Stock und schwieg. Er konnte nicht antworten, blieb still und seufzte. Er sagte gar nichts und schaute zu Boden. Das traf mich tief: Mein lieber Vater, mein größter Unterstützer, mein Vorbild im Glauben, er konnte nicht über seinen eigenen Tod reden.

Eben in diesen Tagen erschien ein bemerkenswertes Buch aus der Feder des Bischofs von Breda, Martinus Muskens. Er hat sich entschieden dieses Jahr als Bischof zurückzutreten, Mönch im Benediktinerkloster in Teteringen zu werden. Bischof Muskens hat sich einen Namen gemacht durch seine häufige Teilnahme an öffentlichen Debatten. Jetzt hört man erneut von ihm durch dieses Buch: Er schreibt, dass er Mönch werden will und Ausschau hält nach einem Leben in Stille, Gebet und Kontemplation. Immer mehr Menschen sehnen sich nach Stille und Regelmäßigkeit, und dieser Bischof redet darüber nicht mehr nur, sondern geht mit gutem Beispiel voran. Er wagt es, im Alter von 72 Jahren sein Leben umzukrempeln. Er zeigt praktisch, wovon viele träumen: Es ist möglich, neue Wege im Leben zu gehen, auch wenn man schon älter ist. Aber er macht in diesem Buch noch viel mehr.

Tiny Muskens beginnt ein Gespräch über den Tod, über seinen eigenen Tod. Er lädt alle dazu ein, über den eigenen Tod nachzudenken und sich im Leben schon mit ihm anzufreunden. Das geht nur, so schreibt er, wenn man sich mit den Enttäuschungen seines Lebens versöhnt und nichts mehr zu verbergen hat, wenn man sein Leben in die Hände des Ewigen legt und nackt vor ihm steht. So kann man bereit sein für den Tod, so Freundschaft mit ihm schließen, so kann man leben, als wäre jeder Tag der letzte. Gerade dadurch werden einem im letzten Lebensabschnitt Glück und Freiheit zuteil.

Bischof Muskens stellte dieses Buch nicht ohne Absicht in der Karwoche vor. Er wollte die Aufmerksamkeit auf das Leiden Christi lenken. Der Tod geht oft einher mit Leiden. Aber wenn man Schmerzen hat und nicht weiß, wie man weitermachen soll, teilt man das Leiden Christi und teilt Seine Ewigkeit. Mein Vater wurde von Kindesbeinen an in diesem Glauben großgezogen, er kannte diese Geschichte, er glaubte an diese Perspektive. Und doch habe ich meinem Vater das

Buch von Bischof Muskens geschenkt. Er hat es gelesen, nein, er hat die Worte buchstabiert und in sich aufgenommen. Als ich ihn Karfreitag besuchte, sagte mein Vater: „Ich hoffe, dass ich weiterleben darf, aber wenn das nicht so ist, bin ich bereit für den Tod. Das Buch hat mir dabei geholfen. Es ist ein gutes Buch." Mehr hat er nicht über seinen eigenen Tod gesagt. Er war bereit, zu Gott zu gehen, und das war genug. Aber vorläufig wollte er noch leben.

BRIEF 9
ANSELM GRÜN

Sich den Tod zum Freund machen

Lieber Leo,

die Karwoche ist für mich seit meiner Kindheit die zentralste Woche im Kirchenjahr. Schon als Kind haben mich die langen Gottesdienste am Gründonnerstag, Karfreitag und in der Osternacht in meinem Herzen berührt. Im Kloster habe ich 25 Jahre lang mit Jugendlichen diese Tage intensiv durchlebt. Und ich habe gespürt, wie die jungen Menschen sich auf die Passion Jesu einließen, aber auch auf ihre eigenen Verletzungen und Leiden. Und ich habe die Freude gespürt, mit der sie dann in der Osternacht alle Dunkelheit, alle inneren Hemmungen und Blockaden, alle Erstarrung und Hoffnungslosigkeit hinter sich ließen und voller Freude ihre Freiheit tanzten.

Für mich ist die Karwoche eine Einladung, im Blick auf die Passion mein eigenes Leben zu betrachten, aber nicht nur meines, sondern das Leid der Welt im Licht von Tod und Auferstehung Jesu zu meditieren. Und es geht auch um die Frage, wie ich zu meinem Tod stehe. Der hl. Benedikt mahnt uns Mönche, dass wir uns täglich den Tod vor Augen halten. Für mich ist das eine ständige Übung. Wenn ich ins Auto steige, werde ich mir bewusst, dass ich unter dem Segen Gottes stehe, ganz gleich, ob ich heil zurückkomme oder sterbe. Die Erinnerung an das eigene Sterben lädt mich ein, jetzt, im Augenblick, zu leben, achtsam zu leben, die Begegnungen mit anderen Menschen bewusst wahrzunehmen und auf alles zu achten, als ob ich es das letzte Mal erleben würde. Das macht das Leben intensiver. Der Tod verstärkt das Leben. Wolfgang Amadeus Mozart schreibt in einem Brief an seinen Vater, dass er sich den Tod zum Freund gemacht hat. Und er dankt Gott dafür, dass er es ihm ermöglicht hat, den Tod „als Schlüssel zu unserer wahren Glückseligkeit kennen zu lernen" (Brief vom 4.4.1787). In seiner Musik spürt man etwas von dieser Glückseligkeit, die nicht durch die Verdrängung des Todes, sondern durch das Sich-Anfreunden mit dem Tod entsteht. Im 2. Satz seines Klarinettenkonzertes spürt man die Überwindung des Todes in der Musik. Da hört die Klarinette ihren eigenen Tönen nach, die über den Tod hinausweisen in einen Raum der Vollendung und Schönheit. Die Verdrängung des Todes führt entweder zur Flucht vor der Angst, die der Gedanke an den Tod auslöst, oder aber zu den erwähnten Diskussionen über den Tod der anderen.

Wir feiern in der Karwoche nicht nur die Überwindung des Todes durch die Auferstehung. Wir sehen vielmehr im Sterben Jesu auch, wie wir unseren Tod so sterben können, dass er zum Segen für andere wird. Jesus stirbt gewaltsam. Andere töten ihn. Aber das, was ihm von außen widerfährt, verwandelt er in einen Akt der Hingabe und der Liebe. „Es gibt keine größere Liebe, als wenn einer sein Leben hingibt für seine Freunde." (Joh 15, 13) Jesus ist für uns gestorben. Er hat uns in seinem Tod seine Liebe bis zur Vollendung erwiesen. Und er hat uns im Tod seinen Geist geschenkt. Wenn wir unseren Tod als Hingabe für die Menschen verstehen, die uns nahestehen, dann verliert er das Dunkle und Grausame, dann wird er zu einem Akt der Liebe. Dann erfüllt sich das, was wir im Deutschen sagen: „Er hat das Zeitliche gesegnet." Sein Tod ist zum Segen geworden für die, die noch in der Zeit sind. Wer so stirbt, der schenkt im Tod seinen Geist der Liebe und der Freundschaft den Menschen in seiner Nähe. Der wird im Tod zum Segen für andere. Wir meditieren den Tod Jesu, um uns in ein Sterben einzuüben, das auch für uns zur Vollendung der Liebe wird. Wenn wir so sterben, dann verstehen wir auch, was Auferstehung bedeutet: dass die Liebe stärker ist als der Tod, dass wir auch im Tod nicht aus der Liebe fallen, sondern in die Liebe hinein sterben.

BRIEF 10

LEO FIJEN

Der tiefe Glauben, dass es Leben gibt im Tod

Lieber Pater Anselm,

ich habe mehr als zwei Wochen gebraucht, um meine Gefühle zu sortieren und die Ruhe zu finden, Ihnen zu schreiben. Das hatte nichts mit einem fehlenden Interesse an Ihnen zu tun, es lag auch nicht daran, dass ich es nicht schön fände, mit Ihnen Gedanken auszutauschen. Es bedeutet mir viel, besonders in diesen schwierigen Zeiten. Und ich habe es nicht leicht, weil ich mir große Sorgen um meinen Vater mache. Genau vor einer Woche haben meine jüngste Schwester und ich von den Ärzten erfahren, dass mein Vater Krebs hat und nicht mehr gesund werden wird. Er hat Asbestkrebs und deshalb in den letzten Monaten mehr als zwanzig Kilo abgenommen. Es war also gar keine Kopfsache, mein Vater war auch nicht in sich selbst eingesperrt – er war todkrank und fühlte sich dadurch schon seit Monaten gehetzt und nervös. Und er hat nicht mehr lange zu leben, sagten die Ärzte. Vielleicht noch zehn Monate, wahrscheinlich eher weniger. Sie hoffen auf ein paar Monate.

Ich saß neben meinem Vater, als er die Nachricht von seinem baldigen Tod erhielt. Er fiel nicht von seinem Stuhl, sondern sagte, dass er diese Nachricht erwartet habe. Er weinte nicht und zeigte auch keine anderen Gefühle. Er brach erst zusammen, als er von den Ärzten hörte, dass er für seinen letzten Lebensabschnitt nach Hause dürfe. Das ging ihm sehr nahe, weil er in letzter Zeit befürchtet hatte, dass er sein Haus nie wieder sehen würde. Er sehnte sich nach dem Ort, an dem er mit seiner Frau, seinen Kindern und Enkeln glücklich gewesen war, er wollte sterben an dem Ort, an dem er sich am allersichersten fühlte. Diese Sicherheit suchte er auch in seinem Herzen. Er erzählte den Ärzten, dass er sich schon mit seinem Tod versöhnt hatte, dass er keine Angst zu sterben hatte. Beten half ihm dabei, er betete jeden Morgen, Mittag und Abend. Er betete noch öfter, wenn er nicht ruhig werden konnte. Er betete vor allem in seinem Herzen, ganz still mit Gott redend.

So werde ich mich an meinen Vater erinnern, an einen in Stille betenden Vater. So will ich später an ihn zurückdenken, als den stillen Beter. Das mir liebste Bild ist für mich die Erinnerung an den *Stillen Rundgang*[3], einer Wallfahrtsprozession durch das nächtliche Amsterdam. Ungefähr 10 000 Menschen laufen in völliger Stille durch das Herz der Stadt und setzen ein Zeichen des Glaubens in der Welt von Drogen, Alkohol und Sex. Ich bin diesen Umzug einige Male mit meinem Vater mitgelaufen und fand ihn hier am vollkommensten als ein Vorbild im Glauben. Er lebte seinen Glauben in totaler Hingabe und Stille vor. Dieses Bild trage ich immer in mir.

Mein Vater kommt für die letzten Wochen seines Lebens nach Hause. Die Osterfeier, die wir in der Aula des Krankenhauses erlebt haben, wird für uns beide ein großer Trost sein, um die kommende Zeit zu bewältigen. Am Ostermorgen hatte er große Schmerzen und war unruhig. Die ganze Feier schien an ihm vorbeizugehen. Ich fragte ihn, ob er zurück in sein Zimmer wolle. Er schüttelte verneinend den Kopf, begann dann aber immer mehr zu seufzen und schien es nicht mehr auszuhalten. Bis das Hochgebet kam. Er hatte an diesem Ostermorgen noch keinen Ton gesungen, seine Stimme war total blockiert. Aber während des Sanctus hörte ich auf einmal ganz leise seine Stimme, gebrochen und heiser noch am Anfang. Gegen Ende des

[3] *De Stille Ommegang*, Wallfahrtsprozession der niederländischen Katholiken. Gedacht wird des Amsterdamer Hostienwunders vom 13. März 1345. Die Überlieferung berichtet von einer Hostie für einen kranken Mann in der Kalverstraat, die im Feuer landete und nicht zerstört wurde (Anm. d. Ü.).

Hochgebets sang er wie in seinen besten Tagen und hatte seine kräftige Stimme wiedergefunden. Das war seine tiefste Glaubenserfahrung der letzten Zeit im Krankenhaus, das war sein Ostern im Krankenbett. Er lebte auf während der Eucharistie, und er durfte am eigenen Leibe erfahren, dass es Leben geben kann, wenn der Tod unvermeidlich ist und herannaht. Ich kann seine Stimme an diesem Morgen nicht vergessen, die heisere Stimme, die noch einmal kräftig wurde und aus voller Kraft singen konnte.

Diese Verse bleiben mir im Gedächtnis und trösten mich, nun, wo mein Vater nur noch kurze Zeit zu leben hat. So wie es mich auch tröstet, wie wir an diesem Ostermorgen inneren Frieden erleben durften. Wir wussten, dass dies sein letztes Ostern sein würde. Aber wir waren froh, weil wir gemeinsam erleben durften, dass auch auf der Schwelle des Todes noch Leben ist. Die Osterfeier gab uns zusammen das Vertrauen und den tiefen Glauben, dass es im Tod Leben gibt.

BRIEF 10

ANSELM GRÜN

Der Tod hat seine Macht verloren

Lieber Leo,

Ihr Brief hat mich tief berührt. Abschied nehmen zu müssen von seinem Vater, das tut weh. Aber Ihre Erfahrungen sind nicht nur voller Schmerz. Sie haben in den letzten Wochen mit Ihrem dem Tod geweihten Vater auch tiefe Erfahrungen von Glaube und Hoffnung machen dürfen. Ihr Vater hat das nahe Ende seines Lebens angenommen. In der Annahme seines Todes ist sein Glaube gewachsen. Er kam wieder in Berührung mit dem Glauben, der ihn sein Leben lang getragen hat. Und dieser Glaube, der ihn schweigend durch die Straßen von Amsterdam geführt hat, der begleitet ihn auch jetzt, in den letzten Wochen seines Lebens. Manchmal drückt er diesen Glauben in Worten aus oder – wie es im Ostergottesdienst geschehen ist – im Singen, oft aber wird der einzige Ausdruck seines Glaubens das Schweigen sein. Im Schweigen ist er einverstanden mit dem Unbegreiflichen, dass sein Leben zu Ende geht und dass es in der unbegreiflichen Liebe Gottes vollendet wird.

Sie haben mit Ihrem Vater die Eucharistiefeier am Ostermorgen in der Krankenhauskapelle miterlebt. Ja, angesichts des nahenden Todes die Auferstehung Jesu feiern gibt dem Osterfest einen ganz besonderen Charakter. Die Worte „Jesus ist auferstanden" sind da nicht einfach so leicht dahingesagt. Sie wollen bedacht sein vor dem Hintergrund des drohenden Todes. Ihr Vater wird sterben. Aber er hat es offensichtlich in dieser Osterfeier selbst gespürt: Der Tod hat seine Macht verloren. Er konnte an Ostern erstmals wieder singen.

Er hat seine Stimme wiedergefunden. Und mit seiner Stimme hat er die Auferstehung singend bekannt, weil er in seinem Herzen gespürt hat, dass da in ihm etwas ist, das stärker ist als der Tod. An Ostern feiern wir, dass die Liebe stärker ist als der Tod. Die Liebe, mit der uns Jesus bis in den Tod geliebt hat, wird jetzt in seiner Auferstehung für uns alle offenbar. Und sie sagt uns, dass uns diese Liebe auch in unserem Tod erwarten wird. Wir werden nicht aus der Liebe fallen, die wir in den Worten Jesu immer wieder heraushören. Wir werden nicht aus der Beziehung der Liebe zu Gott fallen, die im Glauben gewachsen ist. Und Ostern sagt noch etwas anderes: Nicht nur die Liebe Gottes, die in Jesus offenbar geworden ist, ist stärker als der Tod. Auch unsere Liebe, die Liebe zwischen Vater und Sohn, zwischen Mann und Frau, zwischen Kindern und Eltern, ist stärker als der Tod. Die Liebe wird nicht zunichte durch den Tod. Gabriel Marcel, der französische christliche Philosoph, sagt einmal: „Lieben, das heißt zum anderen sagen: Du, du wirst nicht sterben." Das, was ich jetzt an Liebe erlebe, meine Liebe zu dir, und deine Liebe zu mir, das wird durch den Tod nicht ausgelöscht, sondern es überdauert den Tod. Das ist eine tröstliche Botschaft, die wir an Ostern feiern. Sie gibt dem Sterben ein menschliches, ein zärtliches Gesicht, trotz des Schmerzes, den es auch bedeutet.

Ihr Vater wünscht sich bewusst, zu Hause zu sterben, dort, wo er daheim war, wo er sich geborgen fühlt, wo er seinen Glauben und seine Liebe sein Leben lang durchgehalten hat. Er möchte das, was er gelebt hat, bewusst vollenden. Und er möchte bewusst dort, wo er zu Hause ist, Abschied nehmen von den Menschen, die er liebt.

Ihnen, lieber Leo, wünsche ich in den nächsten Wochen den Engel der Achtsamkeit, dass Sie die Worte, die Gesten Ihres Vaters bewusst wahrnehmen, dass Sie die Begegnungen mit ihm auf neue Weise erleben und dass Sie die Worte zu ihm sagen, die Sie vielleicht schon längst einmal sagen wollten, die Sie aber immer wieder aus irgendwelchen Gründen unterdrückt haben. Und ich wünsche Ihnen, dass Ihnen in der Begleitung Ihres sterbenden Vaters das Geheimnis von Tod und Auferstehung neu aufgeht, das Geheimnis, dass wir im Tod nicht ins Leere fallen, sondern in die mütterlichen Arme Gottes. Die Kirche hat uns als Hoffnungsbild gegen den Tod die Pietà vor Augen gestellt: Maria, die ihren toten Sohn in ihren Armen hält. Es ist ein Bild dafür, dass wir nicht ins Grauen fallen, sondern in die zärtlichen Arme eines liebenden und mütterlichen Gottes.

BRIEF 11
LEO FIJEN

Mein Vater ist auch in seinen letzten Tagen ein Gottesgeschenk

Lieber Pater Anselm,

vor gut einem Monat war mein Vater zuletzt bei uns zu Hause. Er war stark abgemagert, konnte fast nicht mehr laufen und hatte keine Energie mehr. Zusammengekauert saß er auf einem Stuhl. Seinen Schnaps wollte er zwar noch, aber das Fleisch bei der Mahlzeit schaffte er schon nicht mehr. Er wurde wütend, weil er es nicht mehr schneiden konnte, und hatte so starke Schmerzen, dass er noch nicht einmal mehr Lust hatte, Fußball im Fernsehen zu schauen. Er wollte nur eins: zurück in sein eigenes Haus. Dort wurde er erneut wütend, weil er den Weg durch seinen Garten nicht mehr ohne anzuhalten zurücklegen konnte. Er musste auf halber Strecke eine Pause machen, er war einfach in Atemnot. Und ich hatte immer noch nicht begriffen, dass er todkrank war. Ich wollte es nicht sehen, es wurde mir nicht bewusst. Ich wollte es in meinem Kopf und Herzen einfach nicht zulassen, dass ich ihn bald würde vermissen müssen.

Der Tod ist ein Meuchelmörder. Er blickt bereits um die Ecke, grinst uns schon entgegen, aber wir wollen es nicht sehen. Wir leben arglos vor uns hin, naiv, sind uns nichts Bösem bewusst, währenddessen der Verfall schon begonnen hat. Wir gehen in aller Unschuld dem Tod unseres Nächsten entgegen und schließen die Augen. Meine Mutter redete nicht darum herum, sondern sagte mir wörtlich, sie wolle nicht mehr weiterleben. Sie gab uns unzählige Hinweise, dass sie nahezu am Ende war. Ihr Taufname war Elisabeth, der Rufname „Bep“. Sie starb am 20. November 2005 im Alter von 73 Jahren. Und doch überraschte mich ihr Tod. Ich dachte, dass es noch ein wenig dauern würde, während sie schon länger als 30 Jahre gegen ihr Rheuma ankämpfte und keinen Widerstand gegen die fortschreitende Gefäßverengung mehr leisten konnte. Sie wollte keine Amputation und wurde in ein Hospiz gebracht, wo sie sterben würde. Und wieder hoffte ich, dass sie noch ein paar Wochen leben würde. Es wurden nicht mehr als drei Tage.

Ich hatte alle Warnsignale des nahenden Todes im Leben meiner Mutter ignoriert, ich tat dasselbe bei meinem Vater. Schon fast zwei Jahre lang hat er über Schmerzen in Rücken und Schultern geklagt, seit gut einem Jahr ist er kurzatmig und sehr schnell müde, schon monatelang ist sein Gehen mehr ein Stolpern, und seit einem halben Jahr nimmt er in erschreckendem Tempo ab. Aber ich glaubte weiterhin, dass es eine Kopfsache war, dass er an Nervosität litt. Meine jüngste Schwester sagt uns schon seit mehr als einem Jahr: Vater ist krank. Meine Mutter bat uns sogar schon vor ihrem Tod: Passt gut auf euren Vater auf, er hat etwas. Ich ließ den Tod einmal mehr nicht zu und werde nun von ihm überrumpelt.

Überrumpelt von der Mitteilung der Ärzte, dass mein Vater nicht mehr gesund werden würde, das war ich. Überrumpelt, das Wort verwendete auch der Priester bei der Krankensalbung. Überrumpelt – an alles gedacht, aber nicht daran. Der Priester ist der jüngste Bruder meines Vaters, der der älteste Sohn seiner Familie ist. Der Jüngste und der Älteste durch Gott miteinander verbunden: Das war berührend. Zusammen waren sie nun vereint im Krankensakrament. Es wurde im Wohnzimmer meines Vaters erteilt, zwei Wochen nach Ostern, am Samstagabend. Im Zimmer war die Stille, die Intimität der Kinder um ihren Vater herum, der Trost des Rituals. Draußen war alles anders. Dort zog eine Blumenparade vorbei in einem Orkan von Klängen. Draußen war Farbe, waren Blumen, waren sehr viele Menschen. Es herrschte solch ein großer Kontrast zwischen innen und außen. Aber das war gut so. Draußen ging das Leben weiter, während drinnen alles auf den Tod vorbereitet wurde. Leben und Tod waren draußen und drinnen.

Mein Vater gab sich der Krankensalbung buchstäblich hin. Er tat, was er den Ärzten gesagt hatte: Er versöhnte sich für alle sichtbar mit dem Tod. Alle Kinder saßen um ihn herum und legten ihre Hände auf seinen Kopf. Zwischen unseren Tränen war mein Vater völlig er selbst. In aller Ruhe ergriff er das Wort. Mit diesem Sakrament wollte er zeigen, dass er bereit war, zu Gott zu gehen. Danach machte er, was er am liebsten tat, wenn alle Kinder zusammen waren. Er hatte es an Weihnachten vor gut zwei Jahren getan, er wiederholte es beim Tod seiner Frau und jetzt gab er wieder das Vorbild: Er betete, auf die einfachste Art, das Vaterunser und das Ave Maria. Mit gebrochener und heiserer Stimme sprach er vor. Er ist ein Vorbeter, ein Vorreiter. Er tat, was er im Innersten war, so, wie er vielleicht von Gott gemeint ist. Er heißt nicht umsonst Theo. Das bedeutet eigentlich „Gottesgeschenk". Mein Vater ist auch in seiner letzten Lebensphase für uns ein Gottesgeschenk.

BRIEF 11
ANSELM GRÜN

Nähe angesichts des Todes

Lieber Leo,

offensichtlich gibt es in uns eine Tendenz, den Tod lieber Angehöriger zu verdrängen. Die alte Mutter, der sterbende Vater – sie geben Zeichen ihres nahenden Todes. Aber wir wollen es nicht wahrhaben. Wir wollen uns in unserem Lebensrhythmus nicht stören lassen. Wir bilden uns ein, sie würden noch lange leben. Die Signale, die Sterbende uns geben, konfrontieren uns mit dem eigenen Sterben: Ich bin endlich. Ich muss mich meiner Sterblichkeit stellen. Und ich muss mich damit auseinandersetzen, Abschied zu nehmen von meinem Vater, von meiner Mutter. Doch daran will ich lieber nicht denken. Abschied tut weh. Abschied lässt mich an die Verlassenheit denken, die mich bedroht. Vielleicht erinnert mich der Abschied an das verlassene Kind, das sich allein gefühlt hat. Und ich will nicht mit diesem verlassenen Kind konfrontiert werden. Doch das Sterben anderer fordert mich heraus, an mein eigenes Sterben und an meine Verlassenheit zu denken. Wenn der Vater mir fehlt, der mir immer Stütze war, zu dem ich kommen konnte, wenn ich einen Rat brauchte, dann muss ich für das verletzte und verlassene Kind in mir selbst Vater sein und väterlich mit ihm umgehen, es zärtlich in meine Arme nehmen und es schützen.

Was Sie von der Krankensalbung Ihres Vaters schreiben, hat mich sehr berührt. Draußen die Blumenparade und im Zimmer die Salbung des sterbenden Vaters. Der Vater wird keinen Frühling mehr erleben. Doch das, was die Blumenparade feiert – dass die

Schönheit und Lebendigkeit der Natur neu aufblüht –, wird er im Tod auf neue Weise erleben. Da wird aus dem Tod neues Leben erstehen. Da wird die ursprüngliche und einmalige Blume, die Ihr Vater darstellt, in ihrer wahren und unverfälschten Schönheit aufblühen und aufleuchten. Da wird er in sein Wesen hineinwachsen. Bei der Krankensalbung war Ihr Vater der, der die Liebe der Familie empfangen hat. Sein eigener Bruder hat ihn gesalbt. Doch zugleich war Ihr Vater der Hirte und der Beter, der die alten Gebete, die er seit seiner Jugend kennt, im Kreis der Familie betet, stellvertretend für sie und gemeinsam mit ihr. Er betet sie jetzt als Glaubender und als derjenige, der die Mitte der Familie bildet. Er wird die gleichen Worte beten, wenn Christus, der Auferstandene, ihm im Tod entgegenkommt. Indem er jetzt das Vaterunser betet, reicht er in seinem Beten schon über die Schwelle des Todes hinüber in die Herrlichkeit, die ihn erwartet, in der er den Vater im Himmel schauen wird, in der sein Name für immer geheiligt sein wird.

Für mich ist die Krankensalbung ein wunderbares Sakrament. Ich habe einer Mutter von drei Kindern die Krankensalbung erteilt. Die beiden Söhne wussten, dass ihre Mutter die Krebserkrankung nicht überleben würde. Aber sie verdrängten es. Zu Beginn der Krankensalbung lud ich die drei Kinder, den Vater, die Schwester der Mutter und ihre Freundin ein, der Kranken schweigend die Hände aufzulegen. Da entstand Zärtlichkeit und Nähe. Die kranke Mutter war mit einem Mal der Mittelpunkt des Zimmers. Alle wandten sich ihr zu. Alle wünschten ihr Segen und zeigten ihr ihre Liebe. Nachdem ich die Hände der Mutter gesalbt hatte, lud ich alle Umstehenden ein, der Mutter ein Kreuz in die gesalbten Hände zu zeichnen und ihr dabei das zu sagen, was jeder ihr in der Tiefe seines Herzens wünschte. Es war für mich ergreifend, mit welcher Zärtlichkeit und Liebe die beiden Söhne der Mutter etwas sagten, was sie sich noch nie in ihrem Leben zu sagen getraut hatten. Da entstand angesichts des Todes eine Nähe, wie sie sie noch nie erlebt hatten. Die Krankensalbung ist nicht nur Stärkung der Kranken oder Sterbenden, sondern immer auch Einladung an die Lebenden, sich auf neue Weise dem geliebten Menschen zuzuwenden und ihm seine Liebe zu zeigen. In dem vorgegebenen Ritual der Krankensalbung können Gefühle ausgedrückt werden, die sonst nie gezeigt werden. Und es entsteht eine neue Tiefe in der Beziehung. Da wird die Liebe erfahren, die stärker ist als der Tod, aus der die sterbende Mutter, der sterbende Vater, nie fallen wird, und aus der auch wir Lebenden nicht gerissen werden.

So wünsche ich Ihnen, dass Sie in der Zeit des Abschiednehmens Rituale finden, durch die Sie die Nähe und Liebe zu Ihrem Vater auf bisher nicht da gewesene Weise ausdrücken und eine Verbindung zu ihm spüren können, die auch durch den Tod nicht aufgelöst werden kann.

BRIEF 12

LEO FIJEN

Wir singen meinen Vater in den Himmel

Lieber Pater Anselm,

mein Vater ist gestorben. In den dunklen Minuten zwischen Samstag dem 28., und Sonntag, dem 29. April verließ ihn der Geist, um 23:45 Uhr. Seine Seele entschwebte, so friedlich, so allmählich, so natürlich. In den Tagen zuvor kämpfte mein Vater gegen den Schmerz, gegen die Angst, das Leben loszulassen, gegen den Abschied von seinen Kindern und Enkeln. Aber er zeigte auch seinen Glauben, er nannte sich ein Kind Gottes. Er bekannte buchstäblich, dass Gott ihn liebhatte, bevor er geboren wurde und ihn weiter liebhaben wird, wenn er nun gestorben ist. Er hielt Ausschau nach dieser Begegnung mit Gott und sehnte sich danach, Ihm in die Augen zu sehen. Die Überzeugung, Gottes Kind zu sein, gab ihm Kraft im schlimmsten Schmerz und beschützte ihn in seinem Schlaf. Er verbrachte die letzten 48 Stunden schlafend, um den Schmerz nicht ertragen zu müssen, aber er wurde zweimal wach und war jedes Mal etwas verwirrt. Das Vertrauen seines Glaubens befreite ihn gerade in diesen verwirrten Momenten von seiner Not und Unruhe. In der letzten Woche sahen wir ihn im Paradoxon seines Lebens: einerseits dem Vertrauen in Gott, der Überzeugung, Kind Gottes zu sein und dem Verlangen nach Gott, und andererseits dem Willen, am Leben zu bleiben.

Ich habe an diesem Samstagabend viel verloren, alle Kinder und Enkel mussten viel loslassen. Wir verloren viel mit unserem Vater, wir verloren seine Liebe, seine Güte, seine Gastfreundschaft, die Geborgenheit. Wir waren stets willkommen, was auch immer in unserem Leben geschah. Wir mussten einfach nur da sein, er stellte keine Fragen. Wir werden diese bedingungslose Liebe vermissen. Das spürten wir alle, als wir in dieser Nacht bei seinem leblosen Körper wachten. Wir nahmen einander in die Arme und waren uns auch bewusst, dass wir viel gewonnen hatten. Wir haben einander im Sterben unseres Vaters als Brüder und Schwestern aufs Neue gefunden. Das haben wir bis zum Tag seines Sterbens mit Kaffee und Kuchen gefeiert. Es scheint paradox, ist jedoch eine tiefe Wahrheit: Mein Vater gab uns gerade in seinen wehrlosesten und verletzlichsten Stunden neues Leben. Auf der Schwelle seines Todes entdeckten wir, dass wir einander auch als Brüder und Schwestern und durch die Gebete Leben geben konnten. Wir haben mehr als je zuvor zusammen gebetet, und wir konnten an das jahrhundertealte Ritual der Osterkerze anknüpfen. Die Kerze brannte am Bett meines Vaters. Sie verwies auf sein neues Leben. Das Osterlicht war Ausdruck des tiefen Vertrauens, dass Vater bei Gott ist.

Wir sind nicht mehr länger Kinder, wir müssen eine andere Rolle spielen. Unsere Eltern leben nicht mehr. Wir fühlen uns verwaist und verlassen. In dieser Einsamkeit werden wir Vater am Donnerstag, dem 3. Mai begraben. Um diese Einsamkeit leben zu können, versuchen wir, genau wie mein Vater, Gotteskind zu sein. Wir mögen keine Eltern mehr haben, aber wir können wohl bei Gott, dem Vater, Schutz suchen. Wenn wir Gottes Kinder sind, bleiben wir auch mit Vater und Mutter verbunden, die Kinder Gottes sind in der Ewigkeit. Das gibt uns Trost in diesen schweren Tagen.

Um mit dieser neuen Einsamkeit zu leben, graben wir Erinnerungen an Vater aus, schauen uns Fotos aus dem Familienarchiv an und sitzen um seine Bahre herum. Er liegt im Wohnzimmer aufgebahrt, an dem Platz, an dem auch Mutter lag. Manchmal sagt niemand etwas, und meine Gedanken wandern zurück zum letzten Gespräch, das ich mit meinem Vater geführt habe. Drei Tage vor seinem Tod zeigte ich ihm das Lied von der Osterfeier aus dem Krankenhaus noch einmal. Er lächelte und begann, es auswendig zu singen. Es gelang ihm nicht, weshalb er um seine Brille bat. Laut las er die letzten Worte des Textes. In diesem Moment wurde der Pfarrbrief seiner Gemeinde für den kommenden Sonntag gebracht. „Geh hin und verkünde: Das Himmelreich ist nahe", stand auf dem Deckblatt. Ich zeigte ihm den Text und sagte, dass diese Worte von ihm sprachen. „Du hast den Glauben gelebt und gesungen, der Himmel ist dir nah ", sagte ich ihm. Ich versprach ihm, dass wir bei seiner Beerdigung alle sein Ostergebet singen würden. „Singt mich ruhig in den Himmel", lachte er. Wir werden ihn in den Himmel singen. Es ist das Letzte, was ich für ihn tun kann. Ich möchte ihm danken für alles, was er mir gab. Ich bin froh, dass er mein Vater war. Ich werde mir die Lunge aus dem Leib singen.

BRIEF 12
ANSELM GRÜN

Das Sterben des Vaters verbindet Kinder und Enkelkinder auf neue Weise

Lieber Leo,

zum Tod Ihres lieben Vaters möchte ich Ihnen mein herzliches Beileid aussprechen. Sie dürfen dankbar sein, dass Sie Ihren Vater gemeinsam mit Ihren Geschwistern und Ihren Nichten und Neffen beim Sterben begleiten konnten, dass Sie miteinander gebetet und die Gemeinschaft der Familie gefeiert haben. So hat das Sterben des Vaters die Kinder und Enkelkinder auf neue Weise miteinander verbunden. Da war der Vater der Mittelpunkt, der alle zusammengehalten hat. Dieser Mittelpunkt fehlt jetzt. Und so mischt sich in die Dankbarkeit auch Schmerz des Abschieds, der Schmerz, den Vater nicht mehr zu haben, nicht mehr mit ihm sprechen zu können, aber auch, den Mittelpunkt der Familie verloren zu haben. Der Vater hat alle um sich versammelt. Wer wird jetzt die Familie zusammenhalten? Wer wird die anderen einladen, die eigene Geschichte gemeinsam zu feiern und aus der Glaubenskraft der Eltern und Großeltern zu leben? Ihr Vater ist jetzt im Frieden. Er ist in Gott. Aber Ihnen fehlt der Vater. Sie sind verwaist und fühlen sich verlassen. Ja, Sie haben Recht: Jetzt sind Sie und Ihre Geschwister nicht mehr „Kinder von …“, sondern müssen das eigene Leben leben. Sie haben im Vater einen Halt verloren, an den Sie sich anlehnen konnten. Jetzt müssen Sie selbst diese Stelle einnehmen und für andere Halt sein. Aber auch als Erwachsene sehnen wir uns nach einem, an den wir uns anlehnen können, der für uns Vater ist. Gott ist unser Vater, auf den wir unser Leben bauen. Aber wir brauchen auch menschliche Väter, die uns den Rücken stärken. Doch wenn wir den eigenen Vater in uns hineinnehmen, dann werden wir in seiner Kraft selbst zu Vätern für andere.

Ihr Vater hat in seinem Sterben seinen Glauben an Gott bezeugt. Er hat sich als Kind Gottes gefühlt, das wieder zum väterlichen und mütterlichen Gott geht. Er vertraute darauf, dass er von Gott liebevoll erwartet wird und dass er auch seine geliebte Frau in Gott wieder sehen und mit ihr eins werden wird. Sie werden bei der Beerdigung Lieder singen, die Ihr Vater während seines Lebens immer wieder gesungen und in denen er seinen Glauben und seine Sehnsucht ausgedrückt hat. Ihr Vater wird im Himmel diese Lieder nun anders mitsingen – als Schauender und nicht mehr nur als Glaubender und Hoffender. So haben Sie im Singen Anteil an Ihrem Vater. In jeder Eucharistiefeier wird die Grenze zwischen Himmel und Erde, zwischen Leben und Tod, zwischen Lebenden und Verstorbenen aufgehoben. Wir gedenken in jeder Eucharistiefeier der Verstorbenen, weil wir darauf vertrauen, dass sie jetzt mit uns das ewige Hochzeitsmahl im Himmel feiern. Und so werden wir in jeder Eucharistiefeier an die Verstorbenen erinnert, damit wir immer besser die Botschaft verstehen, die sie durch ihr Leben und Sterben an uns richten. Manchmal geht uns diese Botschaft erst im Tod eines lieben Menschen in ihrer Klarheit auf. So wünsche ich Ihnen, dass Sie durch den Schmerz des Abschieds hindurch immer wieder auch die Gemeinschaft mit Ihrem Vater erleben, der jetzt bei Gott ist und der Sie auf das Ziel des eigenen Lebens verweist: bewusst unser eigenes Leben zu leben, damit wir unsere ganz persönliche Lebensspur immer tiefer und klarer in diese Welt eingraben; so zu leben, dass wir im Tod endgültig zum Segen werden für die Menschen, die wir verlassen.

BRIEF 13
LEO FIJEN

Alles färbte sich blau in diesen Tagen

Lieber Pater Anselm,

zwei Tage vor seinem Tod hatte mein Vater noch ein paar gute Stunden. Er erwachte kurz aus seinem tiefen Schlaf, trank viel Tee, aß ein paar Trauben und wollte beten. Zusammen beteten wir den ganzen Rosenkranz. Danach bekam er wieder große Schmerzen, und unsere Hände fanden zueinander. Wir sagten nichts mehr, aber das Leid wurde in Stille geteilt. Das Letzte, das er bei vollem Bewusstsein tat, war charakteristisch für meinen Vater. Er nahm die Heilige Kommunion, aufrecht sitzend, mit seinen letzten Kräften. Er verlangte nach dem Körper Christi und zog aus ihm die Kraft, um die letzte Phase seines eigenen Leidens ertragen zu können. Christus gibt sich selbst und lässt sich brechen, um die Grenze zwischen Leben und Tod, Himmel und Erde für die Menschen aufzuheben.

Mein Vater starb zwei Tage nach seiner letzten heiligen Kommunion. Er gab buchstäblich den Geist auf. Alles färbte sich blau in diesen Tagen: sein Schlafanzug, mein Hemd, das Liturgiebuch und der Himmel. Alles schien sagen zu wollen: Mein Vater ist bei Gott willkommen.

Das Gefühl wurde in den Tagen vor der Beerdigung noch stärker. Mein Vater wurde buchstäblich Gott zugetragen. Es war rührend, mit anzusehen, wie seine Brüder, die Schwester und die Schwägerin zwei Tage vor der Beerdigung um seinen leblosen Körper standen. Sie hörten der Geschichte von Lazarus und der Botschaft vom Leben über den Tod hinaus zu. Um ihren Bruder bildeten sie einen Kreis und beteten zusammen. Der Vorbeter war der Jüngste der Familie, der Priester, der das Messbuch meines Vaters verwendete.

Mein Vater wurde zu Gott gebetet und war buchstäblich der Mittelpunkt der Familie, in der er aufwuchs. Das war nicht so selbstverständlich, wie es schien. Denn jahrelang war es nicht möglich gewesen, alle Brüder, die Schwester und die Schwägerin zu versammeln. Die Familie war mehr als einmal durch Streitigkeiten auseinander gerissen, meine Mutter setzte da bisweilen noch eins drauf und die Folgen sind unschwer zu erraten: Die Familie verschwand lange aus dem Blickfeld. Mein Vater war ein Mensch mit Gemeinschaftssinn, suchte die Ganzheit und hatte es schwer mit der zersplitterten Familie. Nach dem Tod seiner Frau kehrte er die Scherben zusammen und es gelang ihm, die Familie erneut zusammenzubringen. Seine Nächsten fanden wieder ihren Weg in sein Haus. Das letzte Mal vor seinem Tod geschah das an seinem 82. Geburtstag. Was jahrelang nicht möglich gewesen war, war ihm gelungen: Alle seine Brüder, die Schwester, die Schwägerin und die Freunde, sie alle waren da. Mein Vater saß in der Mitte, als Versöhner. So, wie er jetzt, nach seinem Tod, in ihrer Mitte lag. Sogar mit seinem leblosen Körper war er nicht nur der Vater seiner eigenen, engsten Familie, sondern Vater der ganzen Familie.

Das zeigte sich einen Tag später aufs Neue, als die Enkel von ihrem Opa Abschied nahmen. Mein Vater war bisweilen Kind unter Kindern, wenn er mit den Enkeln zusammen war. Er hörte gerne ihren Erzählungen zu, rief sie an, um zu hören, wie es beim Sport lief, und war froh über jeden neuen Schritt in ihrem Leben. Er ließ sich von ihrem Enthusiasmus anstecken. Und er betete vor, wenn die Kinder mit Opa feierten. All diese Erinnerungen wurden wieder hervorgeholt, als die Kinder um den leblosen Körper ihres Großvaters versammelt saßen. Und diese Bilder waren ihnen noch vor Augen, als sie am Tag der Beerdigung ein Ehrenspalier formten. Mein Vater wurde durch die Hintertür aus dem Haus getragen. Im Garten schauten die Enkel still zu.

Alles schien sagen zu wollen: Mein Vater ist bei Gott willkommen. Dieses Gefühl war am Tag seiner Beerdigung ganz stark. Die klarblaue

Luft, die sanfte Brise, die Jubelgesänge der Vögel und der Friedhof, der wie ein himmlischer Garten aussah: Alle Türen des Schöpfers standen offen. Es fühlte sich wie das Paradies an. Am Grab wurde kein Wort zuviel gesagt. Vor allem war dort Stille, eine geweihte Stille, nur vom Vaterunser und dem Ave Maria unterbrochen. Die jahrhundertealten Rituale taten den Rest und trugen meinen Vater buchstäblich zu Gott. Das Weihwasser war der Segen von oben, die Erde auf dem Sarg gab ihn zurück an den Schöpfer. Alles sagte: Mein Vater ist willkommen bei Gott. Das deutlichste Willkommenszeichen gab das Kruzifix meines Vaters. Es lag auf dem Sarg, als er zum Grab getragen wurde, und fiel unterwegs in Einzelteilen zu Boden. Christus wurde buchstäblich gebrochen, genauso wie mein Vater das immer erlebt hatte, wenn er selber die Kommunion empfing. Einige erschraken von dem zerbrochenen Kruzifix. Ich habe es vor allem als besonderes Symbol empfunden. Der leblose Körper meines Vaters hatte am gebrochenen Leben Jesu teil und damit am ewigen Leben. Das heruntergefallene Kruzifix war für mich ein Zeichen, dass mein Vater im Himmel war. Ich schaute nach oben, musste durch meine Tränen hindurch lachen und dankte Gott.

BRIEF 13

ANSELM GRÜN

Rituale geben der Trauer Halt und Raum

Lieber Leo,

herzlichen Dank für die bewegende Schilderung der Beerdigung Ihres Vaters. Drei Aspekte haben mich besonders berührt. Zunächst das Ritual der Beerdigung, die Riten ohne Worte, das einfache Beten des Vaterunsers und des Ave Maria. In einer so angespannten Situation wie der des Abschiednehmens vom verstorbenen Vater geben Rituale inneren Halt. Sie ordnen den Tod dieses lieben Menschen in einen größeren Zusammenhang ein. In den Ritualen haben wir teil an der Glaubenskraft vergangener Generationen. In gleicher Weise, wie Ihr Vater bestattet wurde, wurden seine Eltern und Großeltern beerdigt: mit den gleichen Riten, den gleichen Gebeten. Auch wenn der Tod eines lieben Menschen uns innerlich durcheinanderbringt, die Riten schaffen in unserem Herzen wieder Ordnung. Sie schenken uns Hoffnung und Zuversicht und die Gewissheit, dass der Vater auf diese Weise sein ewiges Ziel erreicht. Rituale verwandeln die Trauer. Aber sie lassen auch genügend Raum, ihr Ausdruck zu geben. Die Tränen, die da geweint werden, werden aufgefangen in den uralten Ritualen, die uns sagen: „Es ist gut, dass du weinst. All deine Tränen bringen dich in Berührung mit der Liebe, die du vom verstorbenen Vater erfahren hast und die du zu ihm spürst. Diese Liebe lebt weiter. Sie ist nur verwandelt. Aber der Tod kann sie nicht zerbrechen." Die Rituale zeigen, dass die Liebe stärker ist als der Tod. Trauern heißt: den Boden unter den Füßen zu verlieren. Die Rituale geben mitten in dieser Haltlosigkeit Halt und festen Stand.

Der zweite Aspekt: Ihr Vater hat in den letzten Jahren die Familie versöhnt und zusammengeführt. Sein Sterben hat auf neue Weise die ganze Familie zusammengebracht. Sein Tod hat das Versöhnungswerk gleichsam vollendet. Da war ein neues Miteinander – eines, in dem jeder ehrlich seine Gefühle und seine Tränen zeigen konnte. Wann war jemals ein Zusammentreffen, bei dem jeder so echt und offen und gleichsam nackt war wie beim Abschiednehmen vom Vater? Jeder bekam seinen Platz am Sarg des verstorbenen Vaters: seine Geschwister, die Kinder und Enkelkinder. Alle waren um ihn versammelt, blickten auf ihn, erzählten von ihm, weinten um ihn. Er war wirklich der Mittelpunkt der Familie, der gerade im Tod diese Familie auf neue Weise zusammengeführt hat. Und diese Erfahrung wird weiterwirken. Sie hat Fronten aufgebrochen und verschlossene Türen zwischen den Einzelnen geöffnet. Die Türen werden offen bleiben, wenn sich alle immer wieder an diese Erfahrung erinnern.

Jeder Tod hat seine Symbole. Das Symbol beim Tod Ihres Vaters war zum einen die Farbe Blau, die die Weite des Himmels und die Sehnsucht nach Gott symbolisiert. Die Romantiker suchten nach der „blauen Blume", die unsere Sehnsucht stillt. Ein weiteres Symbol war das zerbrochene Kreuz. Jesus ist am Kreuz für uns zerbrochen, damit wir nicht mehr zerbrechen mit unserem Leben. Ihr Vater hat die Eucharistie so sehr geliebt und zwei Tage vor seinem Tod nochmals empfangen. In der Eucharistie brechen wir den Leib Jesu Christi in Erinnerung daran, dass er in seinem Tod für uns zerbrochen wurde, um alles Gebrochene und Zerbrochene in uns zu heilen und zu verbinden. Was Ihr Vater in der Eucharistie erfahren hat, wurde im zerbrochenen Leib Christi für alle sichtbar und erfahrbar. Für mich war das auch ein Zeichen des Himmels. Und es war ein Abschiedsgruß Ihres Vaters. Ich erlebe solche „Zufälle" öfter nach dem Tod eines lieben Menschen. Für mich sind es keine Zufälle, sondern Zeichen des Verstorbenen. Ihr Vater hat damit etwas zum

Ausdruck gebracht: Christus ist für uns zerbrochen, damit unsere Brüchigkeit für immer teilhat an seinem ewigen Leben. Christus ist für uns im Tod zerbrochen, damit wir schon hier immer mehr aufgebrochen werden für Gott; damit wir alle Panzer, die wir um uns aufgebaut haben, und die Masken, die wir aufgesetzt haben, zerbrechen und Zugang finden zu unserem wahren Selbst. Das zerbrochene Kreuz über dem Sarg zeigt, dass Ihr Vater in seinem Tod wahrhaft aufgebrochen ist zu Gott, dass er nun ganz und gar offen ist für die unendliche Liebe Gottes. Und Ihr Vater hinterlässt mit diesem zerbrochenen Kreuz eine Botschaft an alle: „Haltet euch nicht fest an euch selbst. Lasst euch immer mehr aufbrechen für Gott. Auch wenn das Aufbrechen weh tut, es führt zu einem unvergleichlichen Leben, zu einer Liebe, die stärker ist als der Tod. Es öffnet uns für die unendliche Liebe Gottes und für seine Schönheit, die nun als strahlender Himmel aufgeht über uns und in uns." Ich wünsche allen, die an dieser eindrucksvollen Beerdigung teilgenommen haben, dass sie die Botschaft des Vaters verstehen und davon leben, auf neue Weise leben: aufgebrochen für Gott und für das wahre und authentische Bild, das Gott sich von einem jeden von uns gemacht hat.

BRIEF 14

LEO FIJEN

Das Dach über meinem Kopf ist weg

Lieber Pater Anselm,

keine zwölf Stunden nach dem Begräbnis meines Vaters stand ich mit 35 Mitgliedern meiner eigenen Gemeinde vor der Kirche in meinem Dorf. Sie brachen zu einer zehntägigen Pilgerreise ins Heilige Land auf den Fußspuren Jesu auf. Ich verabschiedete sie mit gemischten Gefühlen, denn vor gut fünf Jahren hatte ich den ersten Anstoß für diese Pilgerreise gegeben. Ich war damals mit dem Gemeindepfarrer ein paar Tage im Heiligen Land gewesen, um die Reise vorzubereiten. Ich hatte mich von der Spiritualität anstecken lassen und gemeinsam jahrelang davon geträumt, mich mit anderen Gläubigen auf den Weg zu machen. Aber immer wieder war etwas dazwischen gekommen. Drei Mal wurde diese Pilgerreise wegen drohender Kriegsgefahr verschoben. Endlich war es dann soweit: Die Mitglieder meiner Gemeinde machten sich auf den Weg. Ich stand daneben und schaute zu. Das war nicht einfach. Ich empfand Schmerz und Trauer über den Verlust meines Vaters, aber ich war auch unglücklich darüber, dass ich nicht auf diese Pilgerreise mitkonnte.

Ich habe keine Sekunde an meinem Entschluss gezweifelt, nicht mitzufahren. Tief in meinem Inneren wusste ich, dass dies nicht der richtige Augenblick war, um zu verreisen. Ich war müde, sehr müde nach emotionalen Wochen größter Nähe zu meinem kranken Vater. In Gedanken war ich noch bei seinem Sterben, seinem Abschied und seinem Begräbnis. Ich musste mich beherrschen, um nicht einfach in Tränen auszubrechen. Alles in mir sagte mir, dass es besser sei, nicht ins

Heilige Land zu fahren. Es fühlte sich wie ein Verrat an meinem Vater an, auch nur in Erwägung zu ziehen, mit auf die Reise zu gehen. Und doch: Die Leere und das Gefühl des inneren Entblößt-Seins nach dem Verlust meines Vaters taten mir besonders weh, als ich die Gemeindemitglieder verabschiedete. Ich würde nicht mit dabei sein und die Reise nie wieder mit dieser Gruppe nachholen können.

Während die Pilgerreise mitten im Gang war und erste begeisterte Eindrücke aus dem Heiligen Land bei uns ankamen, stellte ich mir vor allem Fragen. Warum starb mein Vater gerade in dieser Zeit? Welche Botschaft wollte Gott mir dadurch übermitteln, dass ich nicht mitkonnte? Was bedeutete es für mich, zurückzubleiben, was sollte ich herausfinden? Ganz langsam kamen die Antworten, und ich fing an zu begreifen, dass ich nicht zwei Dinge gleichzeitig tun konnte. Es wurde mir immer deutlicher, dass ich mit der Begleitung meines Vaters meine Pilgerreise bereits gemacht hatte. All die Stunden am Sterbebett war ich mehr den Fußspuren Jesu gefolgt als in jedem anderen Augenblick meines Lebens. Das war meine Reise durch das Heilige Land: Die Nähe meines sterbenden Vaters. Ganz langsam sah ich, was in meinem Leben geschehen war und konnte mich mit der Tatsache versöhnen, dass ich nicht nach Israel gereist war.

Dadurch hatte ich auch die Gelegenheit, über Ihren letzten Brief nachzudenken. Sie haben mich dazu ermutigt, ein Vater für andere zu werden. Das scheint mir eine beachtliche Aufgabe zu sein. „Das Dach ist weg", sagte neulich ein guter Kollege zu mir. Das Dach ist weg, und ich muss jetzt ein Dach für andere werden. Ich weiß nicht, ob ich das schaffen werde. Denn was bin ich wert, wenn ich nicht den tollen Hecht geben darf? Wieviel kann ich auf meine Schultern laden, wenn es keinen Applaus für mich gibt? Inwieweit kann ich anderen etwas bedeuten, wenn das in aller Anonymität vor sich geht? Die Fragen erscheinen jetzt auf meinem Weg, konfrontieren mich mit mir selbst, nun, wo Sie mich dazu aufgefordert haben, anderen ein Vater zu sein.

Ich möchte das schon, anderen ein Dach sein. In dieser Woche gibt es Augenblicke, in denen mir das gelingt. Wir feiern in unserem Dorf das 25-jährige Jubiläum der *Zonnebloem*, eines Vereins, der alten Menschen, die auf sich selbst angewiesen sind oder im Alter mit körperlichen Gebrechen zu kämpfen haben, Unterstützung bietet. An diesem Jubiläum möchten wir die alten Leute mit einem Geschenk überraschen. Dafür müssen Eierlikör- und Weinflaschen mit Aufklebern versehen werden. Ich habe jetzt alle Zeit, die ich brauche, und bin stundenlang damit beschäftigt, die Aufkleber anzubringen. Das verschafft mir viel Befriedigung. Ich finde die Ruhe und den Frieden in mir selbst zurück. Einfach mit meinen Händen zu arbeiten reicht offensichtlich schon, um mich etwas besser zu fühlen. Aber mir wird zugleich klar, dass noch viel mehr dazu gehört, um immer ein Dach für andere zu sein.

BRIEF 14
ANSELM GRÜN

Die Trauer verändert unsere Identität

Lieber Leo,

herzlichen Dank für die Beschreibung der Trauer um Ihren verstorbenen Vater. In der Trauer spüren wir nicht nur, dass wir verwaist sind durch den Verlust des Vaters. Wir sind auch verwaist in Bezug auf die normalen Beziehungen. Sie haben genau gespürt, dass Sie an der Pilgerfahrt nicht teilnehmen konnten, dass Sie in der Zeit der Trauer nicht in diese Gruppe von Menschen gepasst hätten, obwohl Sie diese Menschen lieben und gerne mit ihnen gegangen wären. Doch die Trauer verändert Ihre Identität. Sie sind nicht mehr einfach der unterhaltsame Mensch, der die Gruppe zusammenhält. Sie können die alte Rolle, die Sie bisher in dieser Gruppe innehatten, nicht einfach weiterspielen. Die Trauer stellt Sie vor die Frage: Wer bin ich wirklich? Stimmen all die Rollen noch für mich, die ich bisher gespielt habe? Oder ist etwas anderes an der Reihe? Zumindest spüren Sie, dass jetzt nicht die Zeit ist, die alten Rollen wieder einzunehmen. Jetzt steht anderes an: zu trauern, allein zu sein, sich mit dem verstorbenen Vater zu beschäftigen; nachzudenken, woraus man lebt, wofür man dankbar ist. Und Sie spüren, dass eine neue Aufgabe auf Sie wartet: Vater zu sein für die anderen und ein Dach für andere zu werden. Über diese beiden Aufgaben will ich etwas schreiben.

Der Vater ist derjenige, der dem Kind den Rücken stärkt, der ihm Mut macht, das Leben zu wagen, etwas zu riskieren. Der Vater schickt das Kind in die Welt. Aber er hält sich bereit, dass das Kind immer wieder zu ihm zurückkommen kann, um sich bei ihm anzulehnen, sich Rat zu holen, um etwas von der Klarheit und Kraft des Vaters zu erfahren. Das Kind weiß, dass der Vater hinter ihm und zu ihm steht. Der Vater stärkt das Rückgrat, damit der Sohn oder die Tochter zu sich stehen können und den Kampf wagen, den das Leben uns abverlangt. Wer sich darauf einlässt, macht auch Erfahrungen von Verletzung. Die Nähe des Vaters schenkt den Mut, sich auch verletzen zu lassen. Entscheidend ist die Sicherheit, die der Vater schenkt, und das Vertrauen, dass es sich lohnt, sich für das Leben einzusetzen und auch für andere zu kämpfen. Wenn nun der eigene Vater stirbt, der uns den Rücken gestärkt hat, dann ist es unsere Aufgabe, selbst Vater zu sein für andere.

Wir können uns die Menschen nicht aussuchen, für die wir Vater sein möchten. Gott schickt sie uns. Da ist etwa ein Mensch, der unseren Rat sucht. Da ist einer, der uns von seiner Not, seiner Einsamkeit, seinem Scheitern, seiner Angst, seiner Depression erzählt. Für diesen Menschen werden wir zum Vater, wenn wir ihm zuhören, wenn wir nicht über seine Not hinwegsehen, sondern uns ihr stellen, hineingehen in die Einsamkeit und Angst des anderen und dabei standhalten. Auf diese Weise werden wir für den anderen wie ein Fels in der Brandung. Wir werden für ihn zum Vater, an den er sich anlehnen kann, bei dem er aber auch den Mut findet, wieder hinauszugehen in seine Angst und sich dem Leben zu stellen.

Ich selbst bin kein Vater. Als Mönch habe ich keine Kinder. Aber in Gesprächen darf ich immer wieder dankbar erfahren, dass ich in diesem Augenblick für andere zum Vater werde. Früher habe ich viel mit Jugendlichen gearbeitet. Wenn etwa ein 17-jähriges Mädchen mir alles erzählt hat, was es bewegte, wenn im Gespräch ein unbedingtes Vertrauen spürbar wurde, fühlte ich mich als Vater. Und es tat mir gut. Aber ich spürte auch, dass ich nur für diesen Augenblick Vater war und dass ich das Mädchen nicht an mich binden durfte, sondern es wieder hinausschicken musste ins Leben. Heute, da ich mit 62 Jahren für manche ein Großvater sein könnte, erlebe ich es als beglückend, wenn Väter und Mütter im Gespräch in mir den Vater suchen, der ihnen Orientierung schenkt, der sie versteht, der zu ihnen steht, an dem sie sich aufrichten können. Es ist für mich Geschenk, wenn ich für den Augenblick des Gesprächs für einen anderen Menschen Vater sein kann.

Wenn durch den Tod des Vaters das Dach vom Haus gerissen wurde, sollen wir selbst zum Dach für andere werden. Das Wort „Dach" kommt von „decken, verhüllen, schützen". Wenn die Sonne sticht, sehnen wir uns nach einem Dach, das uns Schatten spendet. Wenn Wind und Regen uns bedrängen, brauchen wir ein Dach, unter dem wir sicher stehen und geschützt sind. Wie können wir ein Dach werden für andere? Ein Wort kann zu einem Haus werden, in dem andere sich zu Hause fühlen. Als Journalist schreiben und sprechen Sie viele Worte. Worte können uns erschlagen, verletzen und überfordern. Worte können aber auch aufrichten, ermutigen, Schutz spenden. Nur Worte, die nicht bewerten, können zu einem Haus werden, in dem Menschen sich zu Hause fühlen, in dem sie sein dürfen, wie sie sind. Die Trauer um den Tod Ihres lieben Vaters, der Ihnen Worte gesagt hat, die für Sie wie ein Dach waren, will Sie zu einer neuen Art des Sprechens und Schreibens führen. Durch die Trauer hindurch kommen wir in Berührung mit neuen Möglichkeiten, die in unserer Seele bereit liegen.

Die Psychologie sagt, dass verweigerte Trauer zur Erstarrung führt. Wer sich der Trauer stellt, der entdeckt in sich das Potenzial, das Gott ihm geschenkt hat. Vielleicht ist die Trauer für Sie jetzt die Zeit, um die Worte zu bedenken, die Sie bisher gesagt haben, und nach neuen Worten zu suchen, die nun für Sie stimmig sind. Worte, die aus der Trauer heraus geboren werden, werden dann zu einem Haus, in dem andere Heimat finden. In diesem Haus des Wortes, das Sie durch Ihre Trauer hindurch bauen, werden sich Trauernde zu Hause fühlen. Sie werden spüren, dass sie in diesen Worten wohnen können, dass sie verstanden werden, dass sie nicht beurteilt werden, sondern einfach sein dürfen. Aber nicht nur Trauernde werden in diesem Haus daheim sein. Auch Menschen, die sich einsam fühlen; Menschen, die in sich Leere verspüren, die verzweifelt sind, ohne Hoffnung, orientierungslos, gescheitert, unzufrieden mit den vielen Worten, die ihnen täglich entgegenkommen, sie alle sehnen sich nach dem Haus des Wortes, das ihnen Leben schenkt. So wünsche ich Ihnen, dass Sie durch die Trauer hindurch die Worte finden, die Sie selbst nähren und die dann schließlich zu einem Dach werden, unter dem andere Zuflucht finden und sich verstanden fühlen.

BRIEF 15
LEO FIJEN

Ich habe meinen Vater verloren, aber seine Familie wiedergefunden

Lieber Pater Anselm,

heute ist der Tag, von dem mein Vater geträumt hatte. Während der ersten Gespräche im Krankenhaus hatte er die Ärzte gefragt, ob er noch gesund genug sei, um die Feier seines jüngsten Bruders noch zu erleben. Mein Vater hätte alles dafür gegeben, das vierzigjährige Priesterjubiläum seines Bruders zu erleben. Er versöhnte sich mit seinem Tod, träumte aber in seinem Krankenbett daheim vom Familienfest in den Dünen am Meer. Das war auch insofern nicht verwunderlich, als mein Vater oft mit seinem Bruder darüber geredet und die Orte für diesen Tag noch selbst ausgesucht hatte: die Kapelle, das Restaurant und die Natur. Heute ist genauso schönes Wetter wie am Tag der Beerdigung. Es ist noch immer Sommer im Frühjahr. Die ganze Familie wiederzutreffen, fühlt sich wie ein Segen an. Vor drei Wochen trugen wir Schwarz und nahmen Abschied von meinem Vater. Jetzt sind die Farben viel fröhlicher und es herrscht Feierstimmung. Zum ersten Mal nach dem Tod meines Vaters wagte ich es, mich wirklich froh zu fühlen und das Leben zu genießen. Wir beteten zusammen in der Kapelle, zündeten Kerzen für die verstorbenen Familienmitglieder an, wir lachten auf der Terrasse mit der Aussicht auf die Dünen, wir stießen auf die Familienbande an und dankten dem jüngsten Bruder meines Vaters, weil er sein Priesterjubiläum zum Anlass nahm, uns alle zusammenzubringen.

Die größte Freude verschafft mir die Entdeckung, dass ich mehr bin als das Kind meines Vaters und meiner Mutter. Gerade an einem Tag wie diesem darf ich erfahren, dass wir auch Teil einer großen Gemeinschaft sind, dass wir durch *eine* große Familie verbunden sind und wertvolle Glieder *einer* großen Kette sind. Jeder von uns bekam Fotos von der Priesterweihe vor 40 Jahren zum Mitnehmen. Hinten aufgeführt sind die Adressen aller, die am heutigen Fest teilgenommen haben. Diese Fotos hatte ich noch nie gesehen. Ein Gefühl von Reichtum durchflutete mich: Mein Vater ist tot, aber seine Familie ist lebendiger denn je. Ich habe meinen Vater verloren, aber die Familie wiedergefunden. Und für mich gibt es eine Zugehörigkeit, noch immer. Das ist wahrer Reichtum.

Die Dankbarkeit überwiegt, auch aus anderen Gründen. Sie haben prophetisches Talent bewiesen, als Sie mir schrieben, dass Gott mir Menschen auf den Weg schicken und mich auf diese Weise dazu einladen würde, aufs Neue Vater zu werden. Ob Sie es glauben oder nicht, aber letzte Woche ist das wirklich passiert. In Trauer und Kummer, in der Leere und dem Niemandsland, in Bekümmerung und Einsamkeit erhielt ich die Nachricht von der Geburt des Kindes guter Freunde von mir. Die Frau rief mich unter Tränen an, um mir zu erzählen, dass sie mit 42 Jahren Mutter eines gesunden Sohnes geworden war. Was von den Ärzten für unmöglich gehalten wurde, war doch geschehen. Das kann mit Recht ein Wunder genannt werden.

Die Ärzte hatten meiner Freundin versichert, es sei nicht möglich, dass sie auf natürliche Weise schwanger werden würde, und schon gar nicht im 42. Lebensjahr. Sie hat mit ihrem Mann schon drei Kinder, aber die waren mit medizinischer Unterstützung zur Welt gekommen. Und jetzt, in einem für eine Schwangerschaft hohen Alter, trotzte sie aller ärztlichen Weisheit. Das hatte eine Vorgeschichte. Sie hatte gelernt, loszulassen. Sie gab einen guten Job auf, verkaufte ihr Haus und wagte es, in einer fremden Stadt eine Wohngemeinschaft mit einer anderen Familie zu gründen. Genau zu dem Zeitpunkt, an dem sie alles in ihrem Leben losließ, empfing sie das Geschenk der natürlichen Schwangerschaft. Die Geburt ihres Sohnes war wirklich ein Wunder.

Er heißt Jakob, und inzwischen geht es ihm richtig gut. Er ist gesund und hübsch. Seinen Vornamen hat er von seiner Großmutter, der Mutter des Vaters. Und er hat einen besonderen dritten Namen: Leonard. Das war eine richtige Überraschung für mich. Denn die Freundin erzählte mir, dass der Name Leonard meinetwegen ausgewählt wurde. Was gibt es Schöneres? In den Wochen, die im Zeichen von Verlust und Abschied standen, kam neues Leben in mein Dasein. Und damit nicht genug: Unsere Freunde baten meine Frau und mich, Pate für dieses neue Kind zu werden. Sie baten uns wirklich, Taufpaten zu werden. Das hat uns bewegt. Man bat uns darum, auf eine neue, spirituelle Art Vater und Mutter zu werden. Das bedeutet, dass wir das Wunder dieser Freunde teilen dürfen.

BRIEF 15

ANSELM GRÜN

In jedem Namen steckt ein Programm

Lieber Leo,

herzlichen Dank für Ihren Brief. Gemeinsam mit Ihnen habe ich mich beim Lesen gefreut, dass Gott diese innere Ahnung, dass Sie auf neue Weise Vater werden, so schnell erfüllt hat. Es sind zwei Wunder, die Gott an Ihnen bewirkt hat. Das eine Wunder ist die Erfahrung, dass die Familie drei Wochen nach dem Tod Ihres Vaters lebendiger ist denn je, dass ihre Mitglieder mehr zusammenhalten, offener füreinander sind als zuvor. Ihr Vater hat durch seinen Tod die Familie wahrhaftig verwandelt. Er ist nicht nur durch sein Leben, sondern auf neue Weise durch seinen Tod zum Segen für die Familie geworden. Und dieser Segen wird weiterhin auf der Familie ruhen. So kann Neues im Miteinander entstehen.

Das zweite Wunder ist die Geburt des vierten Kindes in der befreundeten Familie. Allein die Schwangerschaft, die die Ärzte nicht für möglich hielten, ist ein Wunder. Gott richtet sich nicht immer nach den Anweisungen der Ärzte. Er schafft Neues, auch wenn wir nicht damit rechnen und wenn wir es für unmöglich halten. Und dass Jakob gerade jetzt, drei Wochen nach dem Tod Ihres Vaters, geboren wird und die Eltern ihm als dritten Namen den Ihren geben, ist ein weiteres Wunder. Es war der richtige Zeitpunkt. Das Leben ist stärker als der Tod. Sie werden mit Ihrer Frau zusammen für dieses Kind Paten sein. So werden Sie auf neue Weise Vater und können die Vaterschaft Ihres Vaters an die nächste Generation weitergeben.

In Ihrem Brief haben mich die Namen, die die Eltern ihrem Kind gegeben haben, besonders angesprochen: Jakob und Leonard. Jakobus ist der Patron der Wanderer. Er führt uns auf unserer Wanderschaft zu Christus und zu dem ursprünglichen und einzigartigen Bild, das Gott sich von uns gemacht hat. Leonhard ist der Löwenstarke. Indem die Eltern ihrem noch schwachen Kind diesen Namen geben, wecken Sie in ihm die Stärke, die ihm Gott geschenkt hat. In jedem Namen steckt ein Programm. Und in dem Namen, den wir tragen, können wir etwas von unserem eigenen Geheimnis entdecken. Die Legende erzählt, dass der hl. Leonhard gerufen wurde, der Gemahlin des Königs Theodebert bei einer schweren Geburt beizustehen. Er stand ihr bei und sie wurde wieder gesund. Vielleicht war es auch der hl. Leonhard, der Ihren Bekannten bei ihrer Schwangerschaft beistand. Es ist natürlich immer Gott, der solche Wunder wirkt. Aber die Heiligen sind Bilder für das Wirken Gottes an uns. So steht Leonhard für das Wunder der Schwangerschaft und der Geburt, das Gott gewirkt hat. Leonhard half den Bauern, wenn ihr Vieh krank war. Ihre Vaterschaft besteht darin, die Vitalität des Kindes zu schützen, so dass es in seine Kraft kommt, die ihm Gott geschenkt hat, in eine Kraft, die Himmel und Erde, Geist und Instinkt in sich verbindet.

So wünsche ich Ihnen, dass Sie in Ihrem Vatersein für den kleinen Jakob Leonard auch an sich selbst neue Seiten entdecken. Im Spiegel des hl. Leonhard können Sie das Geheimnis des eigenen Lebens erkennen, das, was Gott Ihnen geschenkt hat an Kraft, an Fähigkeiten zu helfen. Leonhard ist auch der Patron der Gefangenen. Er ging immer wieder in die Gefängnisse, um die Gefangenen aufzusuchen, ihnen Trost zu spenden, sie zur Umkehr aufzurufen und ihre Freilassung zu erwirken. Durch Ihre Worte, die Sie schreiben und sprechen, treten Sie in die Gefängnisse ein, in denen viele ihrer Zuhörer und Leser gefangen sind: in das Gefängnis der Angst, der Selbstabwertung, der Hoffnungslosigkeit, der Dunkelheit und Depression. Auf diese Weise werden Sie wie Leonhard Vater für die,

die sich auf den Weg in die Freiheit machen, aber noch von den Fesseln ihrer Gefangenschaft am Gehen gehindert werden. Ihre Worte werden zu Leuchten auf ihrem Weg und zur Nahrung, die sie auf dem Weg stärkt. So wünsche ich Ihnen, dass Ihnen in den nächsten Wochen immer mehr das Geheimnis Ihrer Vaterschaft und das Geheimnis Ihres Namens aufgeht und dass Sie all das in sich entfalten, was Sie im Licht des hl. Leonhard in sich selbst an Fähigkeiten und Möglichkeiten und an Auftrag entdecken.

BRIEF 16
LEO FIJEN

Ohne das Wunder leben wir nicht

Lieber Pater Anselm,

Jakob und Leonard sind die Namen unseres Patenkindes, dieses Babys, das uns lehrte, wieder am Leben teilzuhaben. Aber zwischen den Namen Jakob und Leonard steht noch ein anderer Name. Er lautet „Lucas“. Ich hatte diesen Namen in meinem letzten Brief nicht vergessen. Vielmehr entscheide ich mich bewusst dafür, diesem Namen einen besonderen Platz zu geben, eine besondere Erwähnung. Denn das ist ein Name, der nie vergessen werden darf. Der Name verweist auf Luuk – einen Menschen, der in unserer Erinnerung weiterleben muss. Er ist in Südafrika verunglückt und hat eine Frau und zwei Kinder hinterlassen. Das war ein dramatischer Augenblick für seine junge Familie und seine gesamte Verwandtschaft.

Meine gute Freundin, die Mutter von Jakob, ist die Schwester von Luuk. Ich war damals dabei, als sie bei der Arbeit erfuhr, dass ihr Lieblingsbruder verunglückt war. Im Herzen fühle ich noch die Tränen, die sie um den großen Verlust ihres Bruders weinte. Die Freundin hat Jahre dafür gebraucht, mit dem Tod ihres Bruders leben zu lernen. Sie musste vor allem lernen, dass nicht immer alles planbar war.

Sie war ein Wirbelwind, der die Welt erobern wollte. Ihr ansteckendes Lachen schenkte Fröhlichkeit, sie war jemand, der überall die Sonne und nicht die Dunkelheit suchte. Sich fügen und aufgeben kam in ihrem Wortschatz nicht vor. Sogar als es schwierig wurde, Kinder zu bekommen, setzte sie Himmel und Erde in Bewegung, um Mutter zu werden. Das gelang ihr mit Hilfe medizinischer Errungenschaften.

Aber letztendlich zeigte sich, dass das nicht ihre größte und schwierigste Aufgabe war. Die kam durch den Tod ihres Bruders in ihr Leben. Da musste sie sich dem Tod beugen. Noch immer fühlt sie die Leerstelle, sie kämpft nach wie vor gegen die Trauer, aber sie lernte, sich zu fügen. Und dadurch lernte sie auch, loszulassen. Und immer wieder zweifelte sie daran, ob sie genügend loslassen und sich fügen konnte. Sie wusste nicht, ob sie nach dem Tod ihres Bruders auf dem richtigen Weg war. Sie bat um ein Zeichen, wollte wissen, ob sie nicht einen falschen Abzweig genommen hatte.

Letztes Jahr im Herbst erhielt ich eine SMS von ihr auf meinem Handy. „Kann es nicht glauben, aber ich bin schwanger, werde mit 42 Mutter, und das alles auf natürliche Weise." Und ich antwortete ihr: „Das ist das Zeichen von oben, das ist eine Botschaft aus dem Himmel. Du bist auf dem guten Weg, du traust dich, loszulassen." Ihr viertes Kind ist die Antwort von oben. Sie entschied sich zusammen mit ihrem Mann dafür, dem Kind den Namen des Bruders zu geben. Und so lebt Luuk nach seinem Tod in diesem gesegneten Kind weiter. So kann das Leben den Tod besiegen und so geschehen auch heute noch echte Wunder. Die folgenden Worte auf Jakobs Geburtsanzeige zeugen davon:

„Es ist, als ob uns das Leben manchmal etwas erzählt,
was mehr als Glück oder Trauer ist:
Das Leben ist mehr als ein Narr oder Held,
ohne das Wunder leben wir nicht."

BRIEF 16

ANSELM GRÜN

Die Verstorbenen können uns Zeichen geben

Lieber Leo,

die Geburtsanzeige des vierten Kindes Ihrer Freundin trifft das Geheimnis unseres Lebens. Ohne Wunder können wir nicht leben. Das Leben ist ein Geheimnis. Und es schenkt uns immer wieder Überraschungen. Es sind göttliche Überraschungen, die über uns kommen, in denen Gott selbst uns berührt. Ja, verstorbene Brüder und Schwestern können uns ein Zeichen geben, das wir uns sonst kaum erklären können. Ich erlebe immer wieder, dass Menschen mir erzählen, dass ihr verstorbenes Kind, der verstorbene Vater oder Bruder, die verstorbene Mutter oder Schwester ihnen ein Zeichen gegeben hat, das wie ein Wink des Himmels erschien. Solch ein Wink des Himmels ist die Geburt des vierten Kindes Ihrer Freundin. Luuk, ihr verstorbener Bruder, hat sie gesegnet mit einem Sohn. Im Deutschen sagen wir von einer Frau, die schwanger ist: Sie ist gesegneten Leibes. Auch der Leib Ihrer Freundin war gesegnet. Der Segen kommt von Gott. Aber die Verstorbenen vermitteln uns manchmal diesen Segen. Und wir dürfen dankbar sein, dass wir nicht allein sind mit unserer Not, dass die Verstorbenen für uns zum Segen werden und dass sie uns Gottes Segen erflehen. So bitten wir ja auch die Heiligen, dass sie für uns bei Gott bitten. Unsere Beziehung zu Gott bekommt durch die Beziehung zu den Verstorbenen eine menschliche Färbung. Wir treten nicht allein vor Gott. Andere Menschen, die für uns beten, helfen uns, wenn wir vor Gott verstummt sind und ihn nicht mehr spüren. Und auch die Verstorbenen treten für uns ein.

Für mich hängt die Botschaft des verstorbenen Bruders Luuk auch mit der Botschaft zusammen, die uns der Evangelist Lukas gibt. Im Lukasevangelium deutet Jesus den Emmausjüngern das Geheimnis seines Sterbens und damit auch das unserer eigenen Not und Bedrängnis: „Musste nicht der Messias all das erleiden, um so in seine Herrlichkeit zu gelangen?" (Lk 24, 26) Dieses Wort ist für mich der Schlüssel, mit dem ich auch im Nachhinein meine Erfahrungen von Enttäuschung, Verlust, Sinnlosigkeit, Schmerz und Verzweiflung verstehen kann. Übersetzt heißt es für mich: „Musste es nicht so kommen, damit die Bilder, die du dir vom Leben und von dir selbst gemacht hast, zerbrochen werden und du so aufgebrochen wirst für die Herrlichkeit Gottes, für die einmalige Gestalt, für den ursprünglichen Glanz, den Gott dir geschenkt hat?" Warum das, was mich enttäuscht und traurig macht, so geschehen ist, weiß ich nicht. Darauf habe ich keine Antwort. Aber im Nachhinein kann ich verstehen, dass all das, was mich und mein Leben durchkreuzt, was mir von außen her widerfährt, meine Illusionen, die ich mir vom Leben gemacht habe, auflöst und mich in Berührung bringt mit meiner innersten Wahrheit. Wenn ich das, was mich aus der Bahn wirft, so annehme, dann werde ich selbst nicht daran zerbrechen. Es werden nur meine Vorstellungen vom Leben zerbrochen.

Für den Evangelisten Lukas sind Tod und Auferstehung Jesu die Zusammenfassung der gesamten Heiligen Schrift. Alles, was das Alte Testament von Gott ausgesagt hat, wird in Tod und Auferstehung Jesu erfüllt. Da erfüllt sich, dass Gott uns aus der Grube befreit, dass er die Toten lebendig macht, dass er die zerstörte Stadt wieder aufbaut, dass seine Gnade uns neu aufblühen lässt. Tod und Auferstehung zeigen uns, dass es kein Scheitern gibt, das nicht zu einem neuen Anfang werden kann, dass es keinen Tod gibt, der nicht vom Leben besiegt wird, keine Dunkelheit, die nicht vom Licht erhellt wird, und keine Erstarrung, die nicht von der Liebe zum Leben erweckt werden kann. Der Tod des Bruders Ihrer Freundin mit Namen Luuk und die Geburt ihres vierten Kindes haben die Botschaft des Lukasevangeliums auf eine Weise Wirklichkeit werden lassen, die wir uns von uns aus nie erträumen würden. Doch Gott wirkt auch heute noch Zeichen unter uns. Er gibt uns Menschen an unsere Seite, die uns die Erfahrungen unseres Lebens, die Enttäuschungen und Verwirrungen auf neue Weise deuten und uns durch den Blick auf die Heilige Schrift die Augen öffnen für das, was wirklich in unserem Leben geschieht. Jesus selbst, der Auferstandene, stößt in Menschen, denen wir es nicht ansehen, zu uns und geht mit uns auf unserem Weg. Er belehrt uns nicht, sondern hört erst einmal zu, was wir ihm sagen. Und dann bringt er das, was wir erlebt haben, in Beziehung zu den Aussagen der Heiligen Schrift. Und auf einmal gehen uns die Augen auf. Und wir erkennen ihn. Es geht uns wie den Emmausjüngern. Im nächsten Augenblick ist Jesus wieder weg. Er entzieht sich unserem Zugriff. Wir haben seine Nähe gespürt. „Brannte nicht unser Herz in der Brust, als er unterwegs mit uns redete und uns den Sinn der Schrift erschloss?", sagen die Emmausjünger zueinander. Jesus hat so mit ihnen gesprochen, dass es warm wurde in ihrem Herzen, dass sie sich berührt fühlten von Gott. In dem vierten Kind Ihrer Freundin hat Jesus nicht nur zur Mutter, sondern auch zu Ihnen und zu vielen anderen Menschen gesprochen und ihre Herzen berührt, so dass eine unbeschreibliche Liebe das Herz durchströmte. Luuk, der verstorbene Bruder, und Lukas, der Evangelist, öffnen uns die Augen, damit wir Jesus erkennen. Und sie öffnen unsere Herzen, damit Gottes unbeschreibliche Liebe, die in Jesus offenbar geworden ist, uns heute erfüllt und unsere Trauer in Freude und Dankbarkeit verwandelt.

BRIEF 17
LEO FIJEN

Die Aufmerksamkeit vom eigenen Ich auf das Geschenk verlagern, das der andere für uns ist

Lieber Pater Anselm,

der Sommer ist, was meine Arbeit betrifft, schon seit ein paar Jahren die Zeit der Klöster. Ich besuche dann für die Klosterserie von „Kreuzungspunkt" überall in Europa Mönche und Nonnen in ihren Abteien. Es ist ein wahres Privileg, ein paar Tage lang ein Leben in Stille und Gebet zu führen und den inspirierenden Lektionen der Ordensleute zuzuhören. Dieses Jahr bin ich zu Gast in den schönsten Abteien Flanderns. Ich mache das für meine Arbeit, aber mir ist bewusst, dass diese Klosterserie gerade in diesem Jahr viel für mein persönliches Leben bedeuten kann.

Ich bin auf der Suche nach neuen Geschichten, die mich lehren, mit dem Verlust meines Vaters umzugehen. In dem kleinen Ort Weelde treffe ich die ehemalige Priorin der Karmelitinnen, Schwester Kristin. Sie redet ganz offen über ihre eigenen Krisen und ihren Weg zu neuer Lebendigkeit. Für sie scheint der beste Weg zu sein, nicht zu viel an ihren eigenen Problemen hängen zu bleiben, nicht zu sehr die eigenen Sorgen in den Mittelpunkt zu stellen, sondern Augen und Ohren für andere zu öffnen. Der andere hat den Schlüssel, um mich aus meinen Krisen zu holen, hat sie gelernt. Sie betont, dass sie bei all ihren Problemen vor allem sich selbst vergessen und ihre Aufmerksamkeit auf den anderen lenken musste. Aus ihren Fehlern hat sie gelernt. Vor allem darf sie nicht im Selbstmitleid verweilen. Alles, was sie zu tun hat, ist: Warten auf den Atem des anderen, auf die heilende Kraft des anderen. Sie fügt noch etwas hinzu: Wenn sie nicht genügend Inspiration durch das Tagesgebet oder die Eucharistie fühlt, vertraut sie gänzlich dem Gebet der anderen und richtet sich vornehmlich auf das Credo, das Glaubensbekenntnis. Schwester Kristin betet es für sich alleine und hofft, dass die Worte ihr die Inspiration zurückgeben. Sie zeigt mir mit ihren Worten einen Weg aus der Leere und dem Verlust auf: durch den Atem der anderen, durch das Credo, das seit Jahrhunderten von Menschen gebetet wird, und durch das Gebet der anderen Schwestern.

In Westvleteren wird das beste Bier der Welt gebraut – das besagt zumindest eine weltweite Abstimmung im Internet. Die Folge ist, dass die Mönche mit Bestellungen überschüttet werden, die sie nicht bewältigen können. Das Schöne daran ist, dass die Trappisten der kommerziellen Nachfrage nicht nachgeben und sich der Anpassung verweigern. Sie könnten reich wie Krösus werden, aber sie entscheiden sich dafür, das nicht zu tun. Sie behalten im Auge, worum es in ihrem Leben geht: das richtige Gleichgewicht zwischen Beten und Arbeiten. Sie stellen darum nur soviel Bier her, wie sie aus eigener Kraft brauen können. Und sie sind sich auch nicht zu schade dafür, einen Monat lang nichts zu brauen. Wenn die Natur mehr Zeit benötigt, warten sie auf die Schöpfung und verkaufen einen Monat lang kein Bier.

Das sagt viel über ihren Charakter aus: Sie hören der Schöpfung zu, kennen ihren Platz und bezeugen so ihre Demut. Sie sind von dieser Erde, und sie hören beim Bierbrauen der Erde zu. Und sie können warten. Sie leben mir die Bedeutung des Wartens vor. Es ist gut, bei Trauer und Kummer zu warten. Abt Manu van Hecke fügt dem etwas Wesentliches hinzu: Er lehrt mich, dass moderne Menschen sich zu sehr nach ihrer eigenen Erfahrung richten. Es scheint nur darum zu gehen, ob wir bei einem Ereignis etwas empfinden und was das für jeden persönlich bedeutet. Aber darum geht es in den Ordensregeln des Benedikt nicht. Was wir fühlen und erfahren, ist nicht wichtig, wohl aber das, was wir von anderen und vom Anderen bekommen. Darum geht es. Wir müssen die Aufmerksamkeit vom eigenen Ich auf das Geschenk verlagern, das der andere für uns ist. Das Geschenk ist gratis, völlig umsonst. Das Geschenk Gottes ist Gnade. Dafür müssen wir überhaupt nichts tun, nichts dafür empfinden. Alles, was wir tun können, ist still sein, warten, Geduld haben, beten, offen werden, die Aufmerksamkeit vom *Ich* zum *anderen* verlegen.

Abt Manu van Heckes Worte läutern mich und geben meinem Kummer die richtige Perspektive. Seine Worte bringen Raum und Freiheit in mein Herz. Sie relativieren mein eigenes, persönliches Gehabe. Und sie unterstreichen die Bedeutung der Stille. Einer der Mönche reicht mir den Schlüssel, um mein Herz wirklich zum *anderen* hin zu öffnen: die bewohnte Stille. Wir brauchen vor der Stille keine Angst zu haben, auch nicht in Kummer und Trauer. Denn eine gute Stille, so lerne ich, reicht viel weiter als die Leere, sie reicht bis zur bewohnten Stille. Das ist die Stille Gottes. In dieser Stille wohnt Gott. Und in dieser Stille kann ich das Geschenk des Lebens entdecken.

BRIEF 17

ANSELM GRÜN

Der Blick auf den anderen bewahrt uns vor Selbstmitleid

Lieber Leo,

herzlichen Dank für Ihren Brief. Es freut mich, dass Sie bei den Mönchen und Nonnen Antworten gefunden haben in Ihrer momentanen Situation, mit der Trauer um den Tod Ihres Vaters umzugehen. Es sind die klassischen Wege, die die monastische Tradition anbietet, um mit dem Leid, das uns trifft, fertigzuwerden. Wir sollen das eigene Leid nicht überspringen. Aber wir sollen auch nicht zu sehr darum kreisen. Der Blick auf den anderen und seine Bedürfnisse bewahrt uns davor, im Selbstmitleid unterzugehen. Er öffnet unsere Augen für die Not des Bruders und der Schwester. Die notleidende Schwester befreit uns von der Fixierung auf das eigene Leid. Sie relativiert die eigenen Schmerzen, ohne dass sie sie aufzulösen vermöchte.

Und Sie schildern noch eine andere wichtige Erfahrung: Die Schwester fühlte sich getragen vom Gebet ihrer Mitschwestern. Das ist eine typisch christliche Erfahrung. Der hl. Paulus hat sie in die Worte gekleidet: „Einer trage des andern Last; so werdet ihr das Gesetz Christi erfüllen." (Gal 6, 2) Mir hilft es ebenfalls, zu wissen, dass das Gebet meiner Brüder weitergeht, wenn ich innerlich müde und leer bin. Dann ärgere ich mich nicht über meine innere Leere, sondern ich schaue auf die Brüder und danke ihnen, dass sie weiterbeten. Ich weiß, dass nicht alle die Psalmverse mit gleicher Begeisterung beten oder singen. Aber das Gebet geht weiter. Es trägt uns alle. Wir kommen zusammen, ob wir gerade Lust haben oder nicht. Und dieses gemeinsame Zusammentreffen und das gemeinsame Gebet trägt uns durch alle Krisen unseres Lebens hindurch. Und ich weiß auch, dass viele Besucher sich von unserem gemeinsamen Gebet getragen fühlen. Sie kommen oft in unsere Abtei, weil sie nach langem Fernbleiben von den Gottesdiensten der Kirche das Bedürfnis haben, ihre religiösen Wurzeln wiederzufinden. Es tut ihnen gut, nicht gleich etwas leisten zu müssen, nicht gleich spirituell sein zu müssen. Sie tauchen einfach in das Gebet der anderen ein und lassen sich davon tragen. Ein Gast erzählte mir, er fühle beim Gebet so etwas wie einen Schutzschild um sich herum. Mit diesem Schild der Liebe und des Schutzes könne er wieder leichter in seinen Alltag als Führungskraft in einer großen Firma zurückkehren.

Der dritte Schritt, der uns hilft, von unserem Leid wegzukommen, ist das Vertrauen in den Glauben, den wir bekennen, auch wenn wir ihn gerade nicht mit unserem Verstand und unserem Herzen nachvollziehen können. Es ist die Sehnsucht, dass wir den Glauben, den wir mit den Lippen bekennen, auch wieder mit dem Herzen spüren werden; dass dieser Glaube, den unsere Vorfahren formuliert und mit dem sie die Krisen und Nöte ihres Lebens durchgestanden haben, auch uns trägt. Wir müssen beim Credo nicht alles verstehen, was wir bekennen. Aber wir halten trotzdem fest an diesen Worten, die seit Jahrhunderten immer wieder bekannt worden sind. Wir haben im Credo teil an der Glaubenskraft und Lebenskraft vergangener Generationen. Indem wir uns das vorstellen, wächst uns Heutigen Kraft zu, dem Leben die Stirn zu bieten. Wir haben teil an der Gemeinschaft der Glaubenden, die auf der ganzen Welt das gleiche Credo beten. Und wir haben teil an der Gemeinschaft derer, die durch ihren Glauben in die Vollendung gelangt sind und nun das schauen, was sie hier auf Erden als Suchende bekannt haben. Die Erfahrung, dass wir teilhaben an der Gemeinschaft der Heiligen lässt die Quelle des Glaubens auch im eigenen Herzen wieder neu sprudeln. Wir spüren auf einmal, dass uns eine

Kraft zukommt, die nicht von uns stammt, sondern die uns von Gott durch die Brüder und Schwestern zuströmt, die mit uns glauben und vor uns geglaubt haben.

Es ist die Erfahrung, die auch der Trappistenabt Manu van Hecke ausgedrückt hat: Wir sollen den Blick von uns und unserer Not abwenden und auf das Geschenk schauen, das Gott uns macht. Es ist das Geschenk seiner Gnade. Wir müssen sie uns nicht verdienen. Sie wird uns gratis geschenkt. Wir müssen unser Leid nicht aus eigener Kraft bewältigen. Schauen wir lieber auf das, was Gott uns schenkt. Wir erleben das Geschenk der Gnade Gottes, indem wir auf die Brüder und Schwestern schauen, die mit uns und für uns beten und die mit uns, für uns und vor uns glauben und geglaubt haben. Auch wenn wir das Geschenk der Gnade Gottes nicht spüren, kommt es trotzdem durch die Menschen unserer Umgebung zu uns, damit wir wie sie glauben, wie sie hoffen und wie sie lieben. Dann wird sich unser Leid wenden. Denn die Liebe trägt alles, hofft alles und glaubt alles.

BRIEF 18

LEO FIJEN

Der Verlust wird jede Woche schmerzlicher

Lieber Pater Anselm,

letzte Woche rief mich der jüngste Bruder meines Vaters an. Als Priester führte er auf wunderbare Art durch die Beerdigung. Beim Abschied, als wir die Kirche verließen, erzählte er uns noch von einigen schönen Erinnerungen an seinen ältesten Bruder. Er tat das alles, ohne seine Emotionen zu zeigen. Am Telefon, einige Monate später, waren die Emotionen gleichwohl da. Er hatte das starke Bedürfnis verspürt, mich anzurufen, denn er vermisste seinen ältesten Bruder täglich mehr. Je länger der letzte Abschied zurücklag, umso schmerzlicher vermisste der jüngste den ältesten Bruder. Auch seine Gefühle würden immer stärker, bekannte er. Manchmal schien es, als hätte der jüngste Bruder seinen Vater verloren. So fühlte es sich an, so tief berührte ihn der Verlust.

Ich erkannte mich in dem wieder, was er sagte. Und ich war nicht der Einzige. Meine Schwestern und mein Bruder fühlten den Verlust unseres Vaters ebenfalls wöchentlich stärker werden. Und jeder hatte diese Gefühle in anderen Momenten. Mir stachen sie ins Herz, wenn ich nicht damit rechnete. Am Vatertag litt ich nicht darunter, denn an diesem Tag hatte ich mich auf schmerzhafte Erinnerungen eingestellt. Ich vermisste meinen Vater vor allem, wenn ich in völliger Unschuld etwas genoss und keinen Schutzschild um mein Herz gelegt hatte. Das geschah zum Beispiel in Rom, als ich über die Heiligsprechung des Limburgers Karel Houben berichtete. Ich war für kurze Zeit weg aus den Niederlanden, wähnte mich in Urlaubsstimmung und hörte dann die Limburger Hymne. Sofort war das Urlaubsgefühl verschwunden. Denn ich erwischte mich dabei, dass ich meinen Vater anrufen wollte, um ihm zu erzählen, dass in Rom die Limburger Hymne gespielt wurde. Er hatte ihr gern zugehört, sie hatte ihn froh gestimmt. Fast im selben Augenblick wurde mir klar, dass das nie mehr möglich sein würde. So wie ich nie mehr eine Karte an meinen Vater schicken konnte. Das habe ich oft und gerne getan, wo immer ich auch war, wie lang oder kurz ich auch weg war. Es war meine Art, die Eltern an allem Schönen teilhaben zu lassen, was ich erlebte. Auch war es ein Zeichen, mit dem ich mich bei ihnen für alle Möglichkeiten bedankte, die sie mir eröffnet hatten.

Manchmal spüre ich den Verlust eher als nagendes Gefühl, manchmal als akuten Schmerz. Pfingsten war ich in allerbester Stimmung und wartete auf die Eucharistiefeier. Bis sich ein älteres Ehepaar in die Bank vor mir setzte. Sie waren sich nichts Bösem bewusst und taten auch nichts Falsches, aber es war genau der falsche Moment. Sie strahlten, und ich konnte nur noch an meine Eltern denken und hätte viel dafür gegeben, sie nur kurz zu sehen, kurz zu spüren, kurz zu küssen. Es war ein sehr schmerzhafter Augenblick, den ich in der Kirche weggesungen und weggebetet habe.

Innerhalb eines Zeitraums von eineinhalb Jahren verlor ich meine Mutter und meinen Vater. Nie mehr frohen Herzens zu ihrem Haus fahren, nie mehr Überraschungsbesuche dort machen, nie mehr die vertraute Telefonnummer wählen, nie mehr Christstollen und Rouladen als Geschenk für die Festtage, nie mehr die Höhepunkte des Sportgeschehens diskutieren. Ich vermisse das mehr, als ich zuvor angenommen hatte, aber was fehlt mir jetzt am meisten? Ein Blick auf meinen Schlüsselbund gibt mir die Antwort. Daran hängen die Schlüssel von meinem eigenen Haus, aber auch die vier Schlüssel meines Elternhauses. Sie symbolisieren einen Wert, der sich nicht in Geld umrechnen lässt. Sie stehen für Sicherheit und Geborgenheit, für Familiensinn und Gastfreundschaft, für Liebe und Treue. Es gab all die Jahre neben meinem eigenen Zuhause nur eine Adresse, zu der ich immer kommen konnte: das Haus meiner Eltern. Nicht vorne durch die Haustür, sondern auf dem vertrauten Weg durch die hintere Tür. Und obwohl ich nicht der ideale Sohn war, der treu seine Eltern besucht, waren meine Eltern immer froh, mich zu sehen. Ich war willkommen, bedingungslos. Es war der einzige Ort der Welt, an dem ich keine Fragen beantworten musste. Ich durfte einfach dort sein, das reichte. Mein Vater formulierte es am treffendsten bei der Geburt unseres ersten Kindes, unserer Tochter Maaike. Sie wurde mit Kaiserschnitt auf die Welt gebracht. Meine Frau musste zwei Wochen im Krankenhaus bleiben, unsere Tochter Maaike lag neben ihr. Mein Vater rief mich damals an und lud mich ein, ein paar Tage im Elternhaus zu verbringen. „Das ist der einzige Ort, an dem du keine Fragen beantworten musst“, sagte er. Diese Worte habe ich nie vergessen. So ein Ort fehlt mir am meisten: ein Ort ohne Fragen, ein Ort, um einfach nur da zu sein, ein Ort der totalen Gastfreundschaft, das Haus meines Vaters und meiner Mutter.

BRIEF 18

ANSELM GRÜN

Unsere Gesellschaft braucht väterliche Menschen

Lieber Leo,

in den sechziger Jahren des letzten Jahrhunderts erschien ein berühmtes Buch von Alexander Mitscherlich: „Die vaterlose Gesellschaft". Der Titel bezog sich nicht nur auf die vielen Väter, die im Krieg gefallen waren und nun ihren Familien fehlten. Es ging Mitscherlich auch darum, dass viele Kinder ihre Väter kaum mehr erleben. Diese gehen so in der Arbeit auf, dass sie sich der Familie immer mehr entziehen. Doch das tut den Kindern nicht gut. Die Mutter schenkt dem Kind das Urvertrauen, das Gefühl, dass es auf der Welt willkommen ist. Der Vater hat die Aufgabe, dem Kind den Rücken zu stärken, damit es Mut findet, in die Welt zu gehen, etwas in die Hand zu nehmen, etwas zu riskieren. Wenn diese väterliche Qualität den Kindern fehlt, wenn sie niemanden haben, der ihnen das Rückgrat stärkt, dann passen sie sich gerne an. Sie leben nicht ihr eigenes Leben, sondern werden von den anderen gelebt. Sie tun sich schwer, Konflikte durchzustehen. Sie haben nicht gelernt zu kämpfen. Weil sie kein Rückgrat haben, suchen sie sich häufig einen Rückgratersatz. Das sind dann oft strenge Normen, an die sie sich ängstlich halten. Wenn wir heute fundamentalistische Strömungen beobachten, so haben sie oft mit der Vaterentbehrung zu tun. Weil die Menschen kein Rückgrat haben, suchen sie sich in der Enge einer sehr begrenzten Weltanschauung einen Ersatz, der ihre Instabilität von außen ausgleichen soll. Aber davon geht kein Segen aus.

Der Vater, der seinen Kindern den Rücken stärkt, ist nicht nur ein Segen für die Kinder, sondern für die ganze Gesellschaft. Wir brauchen in der Gesellschaft väterliche Menschen, die Verantwortung für andere übernehmen, die ihren Kopf hinhalten und für das eintreten, was das Leben fördert.

Es ist ein schönes Bild, das Ihr Vater für sein Haus und für die Gastfreundschaft in diesem Haus gebrauchte: „Es ist der einzige Ort, an dem du keine Fragen beantworten musst." Zu Hause fühlen wir uns dort, wo wir sein dürfen, wie wir sind, wo wir uns nicht rechtfertigen müssen. Wir sind einfach da. Wir sind angenommen. Wir fühlen uns daheim. Und da ist ein Vater, der uns stützt. Er stellt uns nicht in Frage. Er stärkt uns vielmehr den Rücken. Wir können uns bei ihm anlehnen. Er ist in diesem Haus die Stütze. Er schützt uns vor den vielen Fragen, die wir gerade nicht vertragen, weil wir einfach sein wollen. Der Vater schafft einen Raum, in dem wir uns geschützt und geborgen fühlen. Solche Räume brauchen wir in unserem Leben. Denn nur wenn wir ein Haus haben, in dem wir zu Hause sein können, können wir auch wieder nach außen gehen und uns dem Leben und seinen Fragen stellen. Wenn der Vater fehlt, der uns in sein Haus einlädt, dann müssen wir selbst väterlich mit uns umgehen. Wir müssen das kleine, verletzte, unsichere, verlassene Kind in uns aufnehmen in das Haus, das wir jetzt als Erwachsene anbieten können. Wir sollen dem Kind in uns diesen Raum schenken, in dem es sich bedingungslos angenommen fühlt, in dem es nicht in Frage gestellt wird, sondern einfach sein darf mit allem, was es bewegt. Und wir sollen nicht nur väterlich mit uns umgehen, sondern auch Vater sein für die Menschen, die zu uns kommen. Indem wir unsere Vaterschaft Menschen gegenüber spüren, die uns vertrauen und uns von sich und ihrem Leben erzählen, wächst in uns die Dankbarkeit dafür, dass wir Vater sind. Wir spüren, dass es uns selbst gut tut, Vater zu sein. Es ist keine Leistung, sondern ein Sein. Und es ist ein Geschenk, das Gott, zu dem wir als Vater beten, uns in die Hand legt.

Sie werden immer wieder einmal die Trauer darüber spüren, dass Ihr Vater nicht da ist. Die Trauer darf sein. Sie will uns an die Sehnsucht des eigenen Herzens erinnern, dass wir nun in die Vaterschaft hineinwachsen sollen, die uns unser Vater vorgelebt hat. Sie sind natürlich schon längst Vater. Aber die Erinnerung an den verstorbenen Vater lässt uns neue Aspekte unseres Vaterseins entdecken. Die Trauer hat zum Ziel, das, was der Vater gelebt hat, in uns zu integrieren. Dann führt die Trauer uns zu neuen Möglichkeiten, die in unserer Seele liegen. Ohne Trauer erstarren wir und werden abgeschnitten von dem Potenzial, das in uns liegt. Nicht umsonst hat Jesus die Trauernden selig gepriesen. Sie finden durch die Trauer hindurch den Reichtum, den Gott in ihre Seele gelegt hat. Das erneuert ihr Leben und bereichert es.

BRIEF 19

LEO FIJEN

Das Haus meiner Eltern war ein heiliger Ort

Lieber Pater Anselm,

„Haus zu verkaufen“. Ich komme mit dem Auto angefahren und sehe die Plakate in voller Größe vor den Fenstern hängen. „Haus zu verkaufen“, schreien die roten Buchstaben. Was einst Schutzraum war für unsere Familie, wird nun jedem vorbeifahrenden Autofahrer angepriesen. Damit habe ich Schwierigkeiten. Ich ertrage es einfach nicht, dass dieses Haus, das der Stolz meines Vaters war, dem Blick der Passanten preisgegeben wird. Alles scheint offenzustehen. Das sage ich auch meiner jüngsten Schwester. Sie wohnt um die Ecke, kümmert sich um das Haus und empfindet das als eine große Last. Je eher das Haus leergeräumt und verkauft ist, umso besser, findet sie. Also fangen wir im ersten Stockwerk mit Aufräumen an. Ich stehe daneben und schaue zu. Ich frage mich, warum ich eigentlich solche Schwierigkeiten mit dem Ende des Hauses habe. Mit meinen Gedanken bin ich woanders, sie wandern zu meinem Aufenthalt im Benediktinerkloster Keizersberg in Leuven. Dort lernte ich, was die Intimität eines Raumes wirklich bedeuten kann. Dort fand ich eine Erklärung für meine unangenehmen Gefühle bezüglich meines Elternhauses. Dieses Haus war nämlich kein beliebiger Ort. Es war ein heiliger Ort, weil die Außenseite mir die Gelegenheit gab, das Innere zu betreten, weil das Dach und die Mauern mir die Sicherheit boten, meine Seele zu suchen. Jeder Mensch braucht eine Außenseite, um die Innenseite betreten zu können. Dirk Hanssens, der Prior des auf einem Hügel gelegenen Klosters in Leuven, hat mich das gelehrt. Er lud mich ein, mit ihm durch die Klostergänge zu laufen. Er brachte mich in die Gewölbe und erklärte, warum er es schön findet, unter den Gewölben die Treppe zu erklimmen. Jeder Ort in dieser Abtei, so wusste er, ist wie ein Spiegel für die Seele. Mönche brauchen einen Schutzraum, um den Mut für das Abenteuer zu fassen, das sie in ihrem Herzen erleben. Darum können Mönche nicht ohne einen kleinen Raum auskommen, der ganz allein für sie bestimmt ist. Das ist der heiligste Ort im Kloster. Denn hier wird der Ewige gesucht.

Aber der Prior nahm mich auch noch mit an einen anderen besonderen Ort. Das war der Garten im offenen, quadratisch angelegten Innenhof des Klosters. Dort stand eine Säule mit einem heiligen Kreuz darauf. Das ist das Zentrum unseres Lebens, der Grund unseres Daseins, flüsterte er. Es ist nicht der Sinn unseres Lebens, ins Zentrum zu gelangen. Dieser Platz ist immer für den anderen oder den Anderen. Unser Auftrag ist, dem Zentrum näher zu kommen. Die Suche kann nur beginnen, wenn wir eine Außenseite haben, bei der wir beginnen.

Ich schaue noch immer meinem Bruder und meinen Schwestern beim Ausräumen zu. Sie sind eifrig damit beschäftigt, die Schubladen der Nachttische zu leeren. Das geschieht in einem rasenden Tempo. Mir geht das zu schnell. Die Plakate vor dem Fenster, die Schilder im Garten, die Nachttische, die leerer werden: Die bergende Schutzhülle wird entfernt. Dies war ein Ort, um die Intimität der Familie zu suchen, doch nun werden daraus kahle Zimmer, in denen niemand mehr Schutz suchen kann. Mich verlangt nach einem geschützten Ort in diesem Haus, an dem ich mir die Erinnerung an meine Eltern vor mein geistiges Auge holen kann. Ich sehne mich nach einem kurzen Moment in der Geborgenheit des Elternhauses und frage meine Geschwister, ob es in Ordnung ist, wenn ich nach unten gehe. Dort ist alles noch in seinem ursprünglichen Zustand, es hängt auch noch der alte Kalender meines Vaters. Das Zählwerk ist am 28. April stehen geblieben. Die Zeit steht hier also seit dem Augenblick seines Todes still. Ich finde das nicht schlimm, weil die Mauern und die Gartenfenster noch lebendige Zeugen der letzten Tage meines Vaters sind. Darum berühre ich zärtlich den Kalender und setze mich auf den Platz, an dem sein Bett stand. So bin ich ihm für kurze Zeit wieder nah.

BRIEF 19

ANSELM GRÜN

Das Elternhaus mit einem Schlag verkaufen – das geht nicht ohne weiteres

Lieber Leo,

ja, wir brauchen äußere Räume, um durch sie in den inneren Raum unserer Seele zu gelangen, in den inneren Raum, in dem wir daheim sind, weil das Geheimnis darin wohnt – das Geheimnis Gottes, aber auch das Geheimnis unseres Lebens. Das Elternhaus ist nie nur ein finanzieller Wert. Es ist durchlebt und durchliebt von den Eltern. Alle Räume sprechen von dem, was sie getan und gefühlt, gesprochen und geglaubt haben und wonach sie sich gesehnt haben. So können wir das Elternhaus nicht mit einem Schlag verkaufen. Wir müssen erst in aller Ruhe Abschied nehmen. Der Abschied braucht Zeit. Und er tut weh. Denn mit dem Haus lassen wir all die Erinnerungen an das los, was die Eltern im Tiefsten ausgemacht hat. Wir können die Erinnerungen tief in unser Herz eingraben. Aber es fehlt uns der Ort, an dem wir sie immer wieder wachrufen und vertiefen können. So werden die wenigen Dinge, die wir von den Eltern mit nach Hause nehmen, uns immer wieder daran erinnern, was das Wesen der Eltern ausgemacht hat, was sie ihr Leben lang bewegt hat und was ihre Botschaft an uns heute ist. Die Erinnerung soll uns nicht vor der Gegenwart bewahren und uns in eine heile Vergangenheit entführen. Sie wird uns vielmehr befähigen, als wir selbst in der Gegenwart zu leben. Wir passen uns nicht einfach an. Wir tun und denken nicht einfach, was die anderen denken. Wir sind Söhne und Töchter unserer Eltern und nehmen ihre Erfahrungen mit in unsere Welt, damit wir aus einer anderen Quelle heraus leben, letztlich aus der Quelle des Glaubens, der für sie die eigentliche Triebfeder ihres Lebens war.

Der Prior von Keizersberg hat ein feines Gespür für den Zusammenhang zwischen Gebäuden und dem menschlichen Herzen. Schon für den hl. Benedikt war es von Bedeutung, wie ein Kloster gebaut wird. Papst Gregor der Große berichtet, dass Benedikt den Brüdern in einem anderen Konvent im Traum den Plan ihres Klosters aufgezeigt hat. Der Bau eines Klosters ist gebaute Spiritualität. Vielen Klosterkirchen merkt man an, dass sie gebaute Stille sind. Der Kreuzgang ist ein wesentlicher Teil benediktinischer Klosteranlagen. Im Kreuzgang gehen die Mönche schweigend umher und meditieren das Geheimnis ihres Weges, der immer wieder durchkreuzt wird von Gott, aber auch geprägt ist vom Kreuz als dem Ort, an dem sie Gottes bedingungslose Liebe am tiefsten erfahren. Der Kreuzgang ist quadratisch. Das ist für die Alten zum einen ein Bild für das Irdische, für die Erde im Gegensatz zum Himmel. Die vier Arme des Kreuzganges verweisen auf die vier Elemente, auf das Alltägliche. Für den griechischen Philosophen Platon ist das Quadrat aber auch ein Bild für das absolut Schöne. Der Kreuzgang umschließt das Paradiesesgärtchen – so wird der Kreuzgarten genannt. So meditieren die Mönche ihren Alltag und machen ihn durchlässig für die Schönheit Gottes. Und mitten im Alltag erfahren sie, dass er zum Paradies wird, wenn alles Äußere wegfällt und Gott die eigentliche Mitte wird.

Als Cellerar bin ich zuständig, wenn im Kloster etwas umgebaut oder renoviert werden muss. Im Gespräch mit dem Architekten ist mir immer wieder aufgegangen, dass es letztlich eine Frage unserer Spiritualität ist, wie wir bauen – ob wir etwa einen bürgerlichen Wohnzimmerstil verfolgen oder die Kargheit und Einfachheit der Mönche, ob unsere Räume Stille atmen und uns zur Stille führen oder ob sie nur „nett“ sind und schön geschmückt. Ja, die äußeren Räume sind ein Spiegel für die Seele. Die Klostergebäude helfen uns, den Weg nach innen zu wagen. Sie schützen uns. Daher achten wir heute noch auf die Klausur, auf den geschützten inneren Bereich des Klosters, zu dem Gäste keinen Zutritt haben. Und jeder achtet auf seine Zelle, in der er allein ist mit Gott. Die Alten kannten das Wortspiel: „Cella est coelum – die Zelle ist der Himmel, in dem der Mönch allein mit Gott sich unterhält“. Aber auch heute ist es für uns Mönche nicht mehr selbstverständlich, ein Gespür für die heilende Wirkung gebauter Stille zu haben. Manche Mönche orientieren sich lieber an schönen Bauten, die sie anderswo gesehen haben, die aber einen anderen Geist verkörpern.

Wir drücken unsere Seele damit aus, wie wir bauen. Gebäude, die aus einem Geist der Stille, des Gebetes, der Andacht, der Ehrfurcht vor dem Schönen und vor Gott gebaut sind, unterstützen uns auf unserem inneren Weg. Sie helfen uns, den Weg nach innen immer wieder neu zu wagen. Sie erinnern uns daran, wer wir sind. Und auch für uns Mönche gilt: Die Räume sind erfüllt von den Gebeten und der Sehnsucht der Mönche, die hier seit 1200 Jahren gelebt, gearbeitet und gebetet haben. Das Chorgestühl erinnert mich an ganz bestimmte Mitbrüder, die mir von ihrer Meditation erzählt haben, von ihrer Art und Weise, wie sie die Psalmen gesungen und verstanden haben. Bei manchen Psalmen muss ich immer an bestimmte Mitbrüder denken. Denn sie haben mir verraten, wie gerade dieser Psalm und dieses Wort sie angesprochen hat.

So brauchen wir Räume, die uns in den inneren Raum führen, und Gebäude, die voll sind von Erinnerungen, damit wir aus dem Geist derer leben, denen wir unser Leben verdanken.

BRIEF 20

LEO FIJEN

Die Verstorbenen sprechen zu uns, auch nach ihrem Tod

Lieber Pater Anselm,

jetzt kann ich nie mehr fragen, um welche Uhrzeit ich eigentlich geboren bin. Der Gedanke kam mir in den nächtlichen Stunden nach dem Tod meines Vaters Ende April. Ich wusste es wirklich nicht und konnte auch nicht mehr meine Mutter fragen, weil sie eineinhalb Jahre zuvor gestorben war. Seit diesen sommerlichen Tagen Ende April und Anfang Mai ist viel passiert. Und manchmal schien es, als ob alles mit allem zusammentraf – dann hatte ich den Eindruck, dass ich auf dem Pfad meines Lebens von selbst die Antworten auf meine Fragen bekam, dass es keinen Zufall gab, sondern mir alles zuteil wurde. Ich suchte die Verbundenheit mit meinen Eltern, ich konnte nicht mehr mit ihnen reden, aber unvermittelt empfing ich eine andere, eine wortlose Verbundenheit. Die Benediktinerinnen aus Loppem haben mich auf den Wert einer solchen Verbundenheit hingewiesen. Es war vor allem die junge 37-jährige Schwester Hannah, die mir den Weg zeigte. Die tiefste Verbundenheit kommt ohne Worte aus, lehrte sie mich. Sie reicht viel tiefer als die Verbundenheit durch Worte. Sie verwies auf Mitschwestern, die nicht mehr laufen konnten, oft nicht mehr mitbeten konnten und die mir darum nicht wirklich dazuzugehören schienen. Letzteres hätte ich falsch gesehen, meinte Schwester Hannah. Sie erinnerte mich an die stillen Momente des Gebetes. Dann sind wir alle miteinander verbunden, dann gehört jeder gänzlich dazu, dann gibt es eine Verbundenheit ohne Worte.

An ihre Worte musste ich denken, als wir Brüder und Schwestern das Haus aufräumten. Den Dachboden und das erste Stockwerk hatten wir schon gemacht, jetzt folgte die größte Aufgabe: die Intimität des Wohnzimmers mit seinen unzähligen persönlichen Erinnerungen. Ich fing mit dem Bücherregal an und kam rasch vom Ziel ab. Fast jedes Buch hatte eine eigene Geschichte zu erzählen. Ich kapitulierte vor der bloßen Menge und wagte es nicht, eine Auswahl zu treffen. Ich ordnete die Bücher mindestens dreimal um, bildete jedes Mal neue Stapel und kam auf diese Art nicht wirklich weiter. Bei den Schallplatten, DVDs und CDs war es weniger schwierig. Der Geschmack meiner Eltern war nicht der meinige, dadurch ging mir alles etwas einfacher von der Hand. Ich bildete gedankenlos Stapel, bis ich die CD des beliebten Sängers Jan Smit in meinen Händen hielt. In diesem Moment fühlte ich, was Verbundenheit ohne Worte wirklich bedeutet. Es war eine stille Verbundenheit über alle Grenzen des Todes hinweg. Es schien, als erwachte mein Vater wieder kurz ins Leben. Auf einen Schlag war ich in der Zeit zurückversetzt, in die Tage vor seinem Sterben. Mein Vater wollte nicht mehr die klassische Musik aus dem Radio hören, ihm stand der Sinn nach etwas anderem. Er fragte, ob wir die „heilige Musik“ ausmachen könnten. Stattdessen wollte er Jan Smit hören. Mein Vater, der einen großen Teil seines Lebens im Kirchenchor gesungen hatte und gerne sakralen Klängen zuhörte, wollte zwei Tage vor seinem Tod plötzlich etwas anderes. Und das war keine bizarre Laune, denn er setzte sich aufrecht hin, so gut wie es eben ging, und hielt eine Stunde lang in dieser Haltung durch, in völliger Konzentration. Ich fragte ihn, warum er denn so gerne Jan Smit hören wollte. Seine Antwort war kurz und deutlich: „Ich möchte einfach fröhliche Musik hören, ich möchte fröhlichen Klängen zuhören.“ Es war die letzte Musik, die er hörte.

Mitten in dem Chaos der großen Aufräumaktion war ich kurz völlig still und fühlte eine tiefe Verbundenheit mit meinem Vater, der auf seinem Sterbebett Jan Smit gehört hatte. Und ich wusste auch wieder, was danach passiert war: Mein Vater saß mit gekämmten Haaren und gewaschenem Gesicht noch immer gerade in seinem Bett, als die hl. Kommunion gebracht wurde. Es war seine letzte Kommunion, sein letztes heiliges Brot. All diese Erinnerungen gingen mir durch den Kopf, während ich immer noch die CD von Jan Smit in den Händen hielt. Meiner Schwester war ich viel zu zögerlich und stand den anderen im Weg herum. Sie konnte es nicht länger mit ansehen und schickte mich ins vordere Zimmer. Dort stand der Sekretär meiner Eltern mit allen persönlichen Besitztümern. „Setz dich da mal hin, da störst du niemanden“, lachte sie.

Da saß ich dann, in einer Ecke untergetaucht, weit weg vom Lärm. Die Schränke wurden ausgeräumt, das Service verteilt, die Küche leergeräumt. Ich begann mit der ersten Schublade des Sekretärs und sah die Jahre meines Vaters und meiner Mutter an mir vorbeiziehen. Dabei empfand ich gemischte Gefühle. Einerseits kam ich mir vor wie ein Voyeur, der das persönliche Leben seiner Eltern durchstöberte. Anderseits wollte ich auch nichts wegwerfen, weil ich dann das Gefühl gehabt hätte, das Leben meiner Eltern in den Mülleimer zu werfen. Das brachte ich nicht übers Herz, also betrat ich einmal mehr die Zeitmaschine und sah das Leben meiner Eltern an mir vorüberziehen. Und wieder war da eine stille, wortlose Verbundenheit. Ich fand den letzten Brief meiner Mutter über den Wert eines Hospizes. Als sie den Brief schrieb, konnte meine Mutter nicht ahnen, dass sie in der häuslichen Umgebung eines Hospizes sterben würde. Ich war dabei, als sie ihren letzten Atemzug tat und sah das – am Sekretär sitzend – erneut geschehen. Selten war ich ihr in der letzten Zeit so nahe gewesen.

Meine Mutter hatte alles aus meinem Leben aufbewahrt. Das hatte ich nie gewusst, ich entdeckte es, als ich den Sekretär aufräumte. Jeder Zeitungsartikel über mich, jede Karte, die ich aus dem Ausland geschickt hatte, jede Lesung, die im Gemeindeblatt angekündigt wurde: Sie bewahrte alles auf. Das berührte mich, rührte mich, nahm mir beim Aufräumen fast den Atem. Denn aus dem Tiefsten hatte sie nach ihrem Tod zu mir gesprochen: Mein Junge, ich liebe dich. Im Leben hatte sie das nie so deutlich ausgesprochen. Jetzt, eineinhalb Jahre nach ihrem Tod, sagte sie es mir doch noch. Sie bekannte ihre Liebe zu mir. Ohne Worte, in Stille, war ich mit ihr verbunden und gab sie mir neues Leben. Die Toten sprechen zu uns, auch nach ihrem Tod. Davon zeugte auch noch ein anderer Gegenstand aus dem Sekretär.

Als fast alles aufgeräumt war und der Schreibtisch im vorderen Zimmer so gut wie leer, fand ich die größte Überraschung. In der letzten Schublade sah ich das Familienstammbuch meiner Eltern liegen. Ich konnte einen Freudenschrei nicht unterdrücken. Bei meinem Bruder und den Schwestern standen nur die Namen, bei mir war meine Geburtszeit daneben gekritzelt. Ich las tatsächlich: 5:20 Uhr am 5. August. Drei Monate nach dem Tod meines Vaters gab er mir doch noch eine Antwort auf meine Frage. Die Verstorbenen sprechen zu uns, auch nach ihrem Tod.

BRIEF 20
ANSELM GRÜN

Der Tod unserer Eltern erschüttert unser Leben

Lieber Leo,

ja, es gibt eine Verbundenheit ohne Worte. Sie haben dieses schweigende Einssein mit Ihren Eltern erfahren, als Sie das Haus ausräumten und als Sie still in den Erinnerungsstücken der Eltern suchten und auf diese Weise tief in das Leben der Eltern eintauchten. Es waren vor allem zwei Erinnerungsstücke, die Sie berührten: die letzte CD, die Ihr Vater vor seinem Tod gehört hat, und das Stammbuch, in dem Ihre Geburt verzeichnet ist. Die CD steht am Ende, das Stammbuch am Anfang. Weil Ihre Eltern zueinander Ja gesagt haben, sind Sie jetzt da und können über all das nachdenken, was Sie von Ihren Eltern empfangen haben.

Die Musik von Jan Smit steht für das Ende Ihres Vaters. Vor seinem Tod wollte er weder geistliche noch klassische Musik hören, sondern die fröhliche Musik eines modernen Sängers. Das erinnert mich an den großen spanischen Mystiker Johannes vom Kreuz. Auf dem Sterbebett wollte er sich weder Bußpsalmen noch irgendwelche Gebet anhören. Er ließ sich das Hohelied der Liebe vorlesen, die Sammlung wunderbarer Liebeslieder, die uns das Alte Testament überliefert hat. Da wird die Liebe zwischen Braut und Bräutigam, zwischen Freund und Freundin besungen, die körperlichen Vorzüge der Braut und die Schönheit des Bräutigams. In diesen Liebesliedern ist nicht von Gott die Rede, sondern nur von menschlicher Liebe. Doch schon die Kirchenväter haben diese Liebeslieder auf die

Liebe zwischen Christus und der menschlichen Seele hin ausgelegt. Johannes vom Kreuz lässt sich diese Gedichte vorlesen, weil er darauf hofft, sterbend mit Christus in so heiterer Liebe eins zu werden, wie es in diesen Liedern vom Freund und von der Freundin beschrieben wird. Als ich einmal in einem Vortrag davon sprach, regte sich ein Kreis konservativer Priester darüber auf und beklagte sich beim Bischof, als ob ich eine Häresie verkündet hätte. Vor dem Urteil dieser konservativen Priester hätten Mystiker und Heilige wie Johannes vom Kreuz keine Chance. Ihr Vater hatte wohl ein ähnliches Gespür wie Johannes vom Kreuz. Im Tod wird seine Sehnsucht nach Glück erfüllt. Daher möchte er jetzt keine dunkle und tiefgründige Musik hören, sondern fröhliche. Johannes vom Kreuz hätte dafür sicher Verständnis, manche frommen Christen jedoch nicht.

Und noch etwas hat mich an Ihrem Brief berührt. Ihre Mutter hat alles gesammelt, was Sie von Ihnen in die Hand bekam. Das war ihre Weise, Sie zu lieben. Indem Sie all das betrachten, hören Sie in diesen gesammelten Gegenständen die Worte Ihrer Mutter, die Sie während ihres Lebens nie gehört haben: „Kleiner Junge, ich liebe dich." Ja, manchmal ist der Tod des Vaters oder der Mutter für uns das Wort der Liebe, auf das wir unser Leben lang gewartet haben. Es ist ein stilles Wort, aber das Herz vermag es zu vernehmen. Und das Herz wird von dieser schweigenden Zusage berührt. So teilt der Tod der Eltern den Kindern neues Leben mit. Das Leben der Kinder wird durch den Tod der Eltern erschüttert, aber zugleich beginnt darin etwas Neues. Die Eltern geben den Kindern nicht nur in der Geburt ihr Leben weiter, sondern auch im Tod. Da teilen sie ihr Leben, so wie sie es gelebt und bewältigt haben, mit seiner ganzen Essenz den Kindern mit, damit sie nun daraus leben und das, was sie als das Wesen des Vaters und der Mutter erkannt haben, in ihr eigenes Leben auf je eigene Weise integrieren. Wir leben aus den Wurzeln der Eltern. Aber was in diesen Wurzeln an Lebenskraft steckt, das erkennen wir erst, wenn sie durch den Tod der Eltern in besonderer Weise auf die Probe gestellt werden. Dann klärt sich, was uns nährt und was uns eher am Leben hindert. Dann liegt es an uns, das Nährende und Stärkende zu ergreifen und das andere loszulassen. Wir sollen unsere Eltern nicht kopieren. Wir sollen unser eigenes Leben leben. Aber unser Leben gelingt nicht, wenn es wurzellos ist. Durch die Trauer über den Tod der Eltern kommen wir in Berührung mit den nährenden Wurzeln, die uns die Eltern bei all ihrer Begrenztheit bereitet haben. Dafür sollen wir dankbar sein und mit unserem eigenen Leben antworten.

BRIEF 21

LEO FIJEN

Mein Vater starb jedes Mal ein wenig mehr

Lieber Pater Anselm,

gestern rief mich meine Schwester an, um mir zu berichten, dass der Grabstein für meine Eltern schon fertig ist und einen schönen Platz bekommen hat. Ihre Nachricht traf mich wie ein Schlag ins Gesicht. Vielleicht war das auch deshalb so, weil meine Schwester am Telefon weinen musste. Sie hatte sich all die Monate über so stark gezeigt, hatte den Hausputz organisiert, alle Korrespondenz meines Vaters erledigt: Was hatte sie eigentlich nicht getan? Sie war nicht kleinzukriegen gewesen, brach aber zusammen, als sie mich wegen des Grabsteins anrief.

Es schien, als würde ihr jetzt erst richtig klar werden, dass unsere Eltern tot sind und nicht mehr zurückkommen. Ich tröstete sie und versprach, dass ich schnell zu ihr kommen würde.

Ich nahm frische Blumen mit und lief über den wunderschönen Friedhof hinter der Kirche auf der Suche nach dem Grabstein meiner Eltern. Ich las ihre Namen und wusste, dass sie nun mehr als je tot waren. Mein Vater starb vor drei Monaten und ist im zurückliegenden Vierteljahr einige Male erneut gestorben. Eigentlich starb er dabei jedes Mal ein wenig mehr. Mit seinem Andachtsbildchen und seiner Lebensgeschichte darauf, den Abonnements, die nun alle gekündigt sind, mit der Telefonverbindung, die für immer unterbrochen ist, dem Haus, das zum Verkauf steht und schließlich dem Grabstein, der alles endgültig macht. Mein Vater liegt jetzt bei meiner Mutter, die Namen auf dem Grabstein bestätigen das. Es gibt kein Entkommen mehr.

Die Zeit heilt nicht alle Wunden, aber sie erzeugt Distanz. Die drei Monate nach dem Tod meines Vaters haben mich mehr und mehr mit seinem Weggang versöhnt. Die Distanz lehrt mich, besser hinzuschauen und die Vergangenheit auf eine andere Art zu erleben. Auf meiner Reise durch die flämischen Abteien lehrte mich Schwester Hannah von den Benediktinerinnen in Loppem alles über die Verbundenheit ohne Worte. Aber sie wies mich auch auf die Bedeutung von Distanz hin. Sie ist wegen ihrer Studien in Rom oft von ihrem Kloster abwesend. Gerade dann lernt sie ihre Mitschwestern mehr schätzen und fühlt die Liebe zu ihnen wachsen. Das macht die Distanz, ist sie sich sicher. Distanz erzeugt den Raum, um auf eine andere, intensive Weise diejenigen zu betrachten, die einem lieb sind.

Ich kann das nur bestätigen, nun, da ich – drei Monate später – an meinen Vater denke. Ich werde ein paar Beispiele nennen. Beim Aufräumen fand ich heraus, dass mein Vater und meine Mutter eine eigene Mappe mit Beerdigungsliturgien angelegt hatten. Von allen Beerdigungen, die sie besucht hatten, sammelten sie die Liturgieheftchen. Und sorgfältig war dort angestrichen, was sie schön und besonders gefunden hatten. Manchmal stand sogar ein kurzer Kommentar dabei. Ich habe das nie gewusst, aber mir wird jetzt klar, dass sie sich beide mit dem Abschiednehmen und Sterben beschäftigt hatten und dass sie mehr über ihr Lebensende nachdachten, als ich je vermutet hatte. Offensichtlich hatten sie sich auf den unvermeidlichen Tod vorbereitet.

So las ich auch die Briefe, die meine Mutter geschrieben hatte und die in einem besonderen Umschlag steckten. Sie schrieb viele Briefe und bewahrte von jedem Brief eine Kopie auf. In diesen Briefen macht sie keinen frohen Eindruck. Mehr noch, sie zeigt sich hier von ihrer dunkelsten Seite. Ich wusste ja: Meine Mutter war des Lebens müde. Aber ich habe nie gewusst, dass es so schlimm war. Sie sehnte sich wirklich nach dem Tod. Und sie hat mit Heldenmut auf ihn gewartet. Die fortschreitende Gefäßverengung und ihr Nein zu einer Amputation machten schließlich das Maß voll und brachten sie an ihr Ende. Sie hatte mit dem Leben schon lange zuvor abgeschlossen. Als ich ihre Briefe las, wusste ich, dass der Tod für sie wirklich eine Befreiung war.

Dieselbe Erfahrung machte ich mit meinem Vater. In den Wochen nach seinem Tod fand ich seinen Kalender. Zunächst freute ich mich darüber. Mein Vater trug alles mit größter Präzision in seinen Kalender ein. Alles in seinem Leben wurde darin festgehalten. Er war auch in seiner alltäglichen Genauigkeit ein hingebungsvoller Vater und Großvater. Das erfüllte mich mit Freude, darin erkannte ich ihn wieder. Aber alles wurde anders, als ich den Sommer 2006 durchblätterte. Dort stand gar nichts mehr. Ich erschrak. Ohne dass ich seinerzeit auch nur die geringste Ahnung gehabt hätte, erlosch seine Kerze damals schon. Er fühlte seine Kräfte schwinden, ihm fehlte jegliche Energie und Inspiration und er konnte nicht mehr die Kraft aufbringen, seine täglichen Termine aufzuschreiben. Mein Vater war damals schon im Sterben begriffen, und ich hatte es nicht wahrgenommen. Jetzt verstehe ich erst, wie sehr er gelitten haben muss. Jetzt erst sehe ich, dass er gespürt haben muss, dass das Ende nah war. Deshalb kann ich mich mit seinem Tod besser versöhnen, darum habe ich einen größeren Frieden mit seinem Grabstein als meine Schwester. Der Tod unseres Vaters war unvermeidlich. Sein Kalender von 2006 ist der beste Beweis dafür. In jenem Sommer war es schon vorbei mit ihm. Der zeitliche und emotionale Abstand gab mir die Möglichkeit, sein Sterben auf eine andere Weise zu betrachten.

BRIEF 21

ANSELM GRÜN

In der Erinnerung an meinen Vater geht mir immer mehr das Geheimnis des Lebens auf

Lieber Leo,

die Erfahrung, dass die Distanz, die wir durch den Tod der Eltern zu ihnen erfahren, eine neue Nähe schafft, durfte auch ich beim Tod meiner Eltern machen. Mein Vater starb am 8. Mai 1971. Ich studierte seinerzeit gerade in Rom und bereitete mich auf meine Priesterweihe am 10. Juli vor. Während des Abendessens wurde ich ans Telefon gerufen. Meine Schwester teilte mir mit, dass mein Vater gerade beim Abendessen gestorben war. Es war ein warmer Samstagnachmittag gewesen. Mein Vater hatte im Garten den Rasen gemäht und dabei sehr geschwitzt. Er hatte gebadet und wollte noch etwas essen, bevor er zur Maiandacht in die nahe Kirche ging. Da fiel er auf einmal in sich zusammen. Er war im selben Augenblick tot. Der Pfarrer kam sofort und betete über ihn. Er war innerlich sehr getroffen. Denn mein Vater war eine wichtige Stütze der Pfarrei und für den Pfarrer ein guter Gesprächspartner gewesen, dem er viel anvertrauen konnte. Ich fuhr noch in der Nacht mit dem Zug von Rom nach München und überlegte mir während der langen Fahrt, was ich bei der Beerdigung in der Predigt sagen sollte. Mein Vater war ein sehr spiritueller Mensch. Jeden Tag ging er morgens um 6:45 Uhr in die hl. Messe, bevor er die Arbeit begann. Und er konnte uns Kindern begeistert von den Festen des Kirchenjahres erzählen.

Mein Vater ist nun 36 Jahre tot. Wenn ich an ihn zurückdenke, geht mir immer mehr das Geheimnis seines Lebens auf. Er war mutig. Ohne jedes Geld ging mit 24 Jahren einfach nach Bayern, weil er sich geärgert hatte, dass er am katholischen Feiertag Dreikönig im Bergwerk in Essen-Katernberg arbeiten musste. Er gründete ein eigenes Geschäft. Uns sieben Kindern ließ er große Freiheit. Er war immer präsent, weil das Geschäft im selben Haus war wie unsere Wohnung. Wenn wir seine Ruhe durch unsere Streitereien beim Fußballspielen störten, schimpfte er nicht, sondern hielt uns einen Vortrag über wahren Sportsgeist, zu dem auch das Verlierenkönnen gehört. Er stärkte uns den Rücken. Wenn wir als Kinder verrückte Ideen hatten, war er immer dafür zu haben.

Meine Mutter starb am 8. Dezember 2000. Es war ein Zufall, dass sie an einem Marienfest starb. Mein Vater starb, als er in die Maiandacht gehen wollte, meine Mutter, als die Kirche das Fest Maria Immaculata feierte. Ich hatte am 7. Dezember in München einen Vortrag zu halten und dann am 8. Dezember in Salzburg einen Kurs. So übernachtete ich daheim und aß noch mit meiner Mutter zu Abend. Am Morgen ging ich kurz in ihr Schlafzimmer und segnete sie. Als meine Schwester gegen 10:00 Uhr morgens sagte, sie fahre jetzt in ihre Wohnung und käme am nächsten Tag wieder, antwortete meine Mutter, sie wisse nicht, ob sie da noch lebe. Meine Schwester wunderte sich und sprach mit der Pflegerin darüber. Doch die meinte, sie solle ruhig fahren. Mittags nach dem Essen brach meine Mutter zusammen. Mein Bruder holte die Ärztin. Doch die sah, dass es dem Ende zuging. Dann bat meine Mutter meinem Bruder: „Konrad, hol mir noch die hl. Kommunion." Mein Bruder rief den Pfarrer an, um zu fragen, ob er die Kommunion bringen wolle oder ob er sie selbst in der Kirche holen könne. Als mein Bruder vom Telefon zurückkam, atmete meine Mutter zum letzten Mal. So war die Bitte um die Kommunion ihr letztes Wort gewesen. Auch das ist typisch für meine Mutter. Mein Vater war mehr der Idealist, der viele Bücher las und sich für alles interessierte. Meine Mutter war die Praktikerin, die den Haushalt für die große Familie besorgte. Aber auch für sie war es selbstverständlich, jeden Morgen in die hl. Messe zu gehen. Die letzten 20 Jahre hatte sie nur noch 3 Prozent Sehkraft. Doch sie jammerte nie, sondern hatte ihre festen Rituale, um ihr Leben in innerer Fröhlichkeit und Optimismus zu meistern. Sie war der Mittelpunkt der Familie. Sie wusste immer über alles Bescheid, was ihre sieben Kindern und ihre Familien gerade bewegte.

Je länger der Tod meines Vaters und meiner Mutter zurückliegt, desto mehr denke ich darüber nach, wie sie ihr Leben gemeistert haben und was ihre Botschaft an mich heute ist. Und ich bin dankbar, wenn ich heute manchmal von meinem Vater und von meiner Mutter träume. Dann spüre ich, dass sie einverstanden sind mit meinem Leben.

Ich habe noch einige Briefe aufbewahrt, die meine Mutter und mein Vater mir während der Schulzeit ins Internat oder in den ersten Klosterjahren geschrieben hatten. Meine Mutter schrieb immer über die konkreten Ereignisse in der Großfamilie. Mein Vater dagegen schrieb oft grundsätzliche Überlegungen, spirituelle Gedanken und theologische Reflexionen. Er bedachte alles, was geschah, im Licht des Glaubens. Nach seinem Tod fanden wir Kinder die Aufzeichnungen, die er sich in den ersten Jahren in München machte, als er auf Arbeitssuche war. Und wir fanden die Ansprachen, die er bei den Hochzeiten der Kinder und an jedem Silvesterabend hielt. Auch auf meiner Primiz wollte er eine Ansprache halten und hatte sich schon die ersten Gedanken dazu aufgeschrieben. Doch meine Primiz sollte er im Himmel mitfeiern. Für mich war das ein denkwürdiger Tag. Mein Vater fehlte mir. Und dennoch wusste ich, dass er bei mir war. Er war stolz, dass ich Priester und Benediktiner geworden bin. Und so ist der Gedanke an meine Eltern immer auch Bestärkung für meinen Weg und Dankbarkeit für die Botschaft, die sie heute noch mit ihrem Leben und Sterben an mich und meine Geschwister richten.

BRIEF 22

LEO FIJEN

Sich Zeit nehmen für den Abschied

Lieber Pater Anselm,

ich wohne in der Nähe der Grundschule meines Dorfes. Täglich zu bestimmten Uhrzeiten laufen Kinder mit ihren Eltern durch die Straße oder durchqueren sie mit dem Fahrrad auf dem Weg zur Schule und zurück nach Hause. Die Tage unter der Woche haben ihren eigenen Rhythmus: Anfang und Ende der Schule. Mein Leben hat dadurch eine eigene Uhr, die laute Klingel des Schulhofes. Das verleiht meinem Dasein Struktur, aber auch Freude. Um mich herum ist immer Leben.

In den Sommermonaten ist alles anders. Fast alle in meiner Umgebung fahren in die Ferien. In der Schule werden die letzten Unterrichtsstunden erteilt. Der Lehrer zählt die Stunden seines letzten Arbeitstages, die Kinder rennen zum letzten Mal aus dem Gebäude und feiern ihre Ferien. Das Dorf, in dem ich glücklich lebe, leert sich. In den darauffolgenden Wochen gibt es in meiner Straße keine festen Zeiten, keine festen Stunden mehr. Denn sechs Wochen lang laufen oder fahren keine singenden, redenden und tobenden Kinder mehr an meinem Haus vorbei. Sechs Wochen lang steht die Zeit still. Sechs Wochen lang gibt es keine Zeit, keine Klingel, kennt die Uhr keine Stunden und Minuten.

Meine Gedanken wandern dann immer fünf Jahre zurück. Damals reiste ich mit meinem Vater in die Gegend, in der seine Großmutter geboren war. Mitten im Sommer war ich mit meinem Vater im deutschen Naumburg, einem kleinen Ort in der Nähe von Kassel. Wir schliefen in einem Bett, hörten den Erzählungen des jeweils anderen zu, fuhren über den Edersee und erfuhren mehr übereinander. Wir genossen die Zeit, die keine Minuten, keine Stunden mehr kannte. Wir lebten nicht nach der Uhr, sondern von unseren Geschichten. Weil die Zeit ohne Uhren und Uhrwerk auskam, drangen wir durch bis zum Kern des Daseins.

Diese zeitlosen Tage gaben uns die Gelegenheit, alles loszulassen. Mein Vater hatte über mehr als zehn Jahre meine Mutter gepflegt. Er ging gebeugt unter der Last der körperlichen Anstrengung und moralischen Verantwortung. Eigentlich brachte er nicht mehr die Kraft auf, täglich für meine Mutter zu sorgen. Die zeitlosen Tage in Deutschland waren für ihn eine Erholung. Für ein paar Tage durfte er alles loslassen und kam buchstäblich wieder zu Atem. So habe ich ihn in einem Boot auf dem Edersee fotografiert, so habe ich ihn festgehalten in einem Anflug von Sorglosigkeit und Zeitlosigkeit. Das passte auch zu ihm, zu diesem Vater, der immer die Naivität eines Kindes beibehalten hatte. Kindlich froh schaute er in die Kamera, verwundert ließ er seine Augen über das Wasser gleiten. Vollkommen entspannt genoss er diesen Moment, der sich für lange Zeit auf meiner Netzhaut einbrannte.

Kurz vor seinem Tod erinnerte ich ihn an diese wunderbaren Tage in Deutschland. Ich fragte ihn, ob er die Fotos noch einmal sehen wollte. Darüber musste er nicht lange nachdenken. Drei Tage vor seinem Tod habe ich einen Stapel Fotos mitgebracht. Er saß aufrecht im Bett, ich gab ihm die Bilder. Eines nach dem anderen glitt durch seine Hände. Er setzte seine Brille auf und betrachtete die Erinnerungen andächtig. Manchmal musste er lachen. So zum Beispiel bei dem besagten Foto, auf dem er fröhlich wie ein Kind im Boot saß. Schönes Bild, flüsterte er mit heiserer Stimme in meine Richtung.

Das Foto stand auf seinem Sarg in der Kirche, als wir Abschied von ihm nahmen und wurde später für sein Andachtsbildchen verwendet. Dieses Foto erinnert mich nicht nur an eine einzigartige Erfahrung – das einzige Mal, dass ich mit meinem Vater in Urlaub war. Nein, dieses Foto sagt mir noch etwas anderes: Mein Vater und ich bekamen und nahmen uns die Zeit, um an seinem Sterbebett noch einmal diese unvergesslichen Tage in Deutschland zu genießen.

Zeit bestimmt auch die Qualität des Abschieds. Seit dem ersten Termin meines Vaters beim Facharzt für Geriatrie im Krankenhaus habe ich meine Arbeit hintan gestellt und alle Aufmerksamkeit meinem Vater gewidmet. Ich wusste zu diesem Zeitpunkt wirklich nicht, wieviel Zeit uns noch geschenkt sein würde, sondern handelte rein intuitiv. Ich empfand es als meine Pflicht, meinem Vater in seinen dunkelsten Momenten nahe zu sein. Dort im Krankenhaus erfuhr er schon nach zwei Tagen, dass es nicht gut für ihn aussah. Die Ärzte gaben ihm auch eine Prognose mit: Ein paar Monate hätte er noch, möglicherweise bis nach dem Sommer oder gar dem Spätherbst. Kurz darauf durfte er für seinen letzten Lebensabschnitt nach Hause.

Ich weiß nicht, warum ich diese Monate nicht abgewartet habe. Ich begann schon im Krankenhaus, Gespräche über den Tod mit ihm zu führen, über die Krankensalbung und über Gott. Bis zum heutigen Tage begreife ich nicht, woher ich den Mut nahm, das Unvermeidliche zu besprechen. Das tat ich im Krankenhaus und später an seinem Bett zu Hause vor dem Gartenfenster. Ich fragte ihn nach den schönsten Momenten seines Lebens, seinem tiefsten Glück, nach seinen Wünschen für die Beerdigung, nach eventuellen Lieblingstexten. Ich brachte alles zur Sprache, als wenn ich keine Zeit zu verlieren hätte. Danach sah es zu Beginn nicht aus. Wir hatten noch Monate, dachten wir, aber es wurden nur zehn Tage. Zehn Tage, um Abschied zu nehmen. Jetzt weiß ich das, damals wusste ich es nicht. Und doch sprach ich mit ihm, als wenn die Zeit mir im Nacken säße.

Im Nachhinein bin ich so dankbar, dass wir in den letzten Tagen meines Vaters alles miteinander besprochen haben. Wir hatten die Zeit nicht, wir nahmen sie uns. Ich traf den Entschluss, die Arbeit ruhen zu lassen, fuhr mit dem Auto in mein Elternhaus und blieb dort Tag und Nacht, bis mein Vater starb. So hatten wir einzigartige Minuten, Stunden und Tage, um voneinander Abschied zu nehmen. In dieser Zeit, die nur ein paar Tage andauerte, aber durch die Aufmerksamkeit füreinander länger wirkte, lehrte mein Vater mich in seiner ganzen Schwäche und Verletzlichkeit einmal mehr, was es bedeutet, wirklich zu beten. Jedes Mal, wenn er wach wurde und voll bei Sinnen war, wollte er beten. Dann nahm er den Rosenkranz und bat mich darum, mitzubeten. Wir hielten denselben Rosenkranz fest, nahmen uns bei den Händen und beteten im selben Rhythmus.

Mein Vater lehrte mich in diesen Tagen auch noch etwas anderes. Zum ersten Mal in seinem Leben sagte er, dass er es schön fand, dass es mich gab. Er bat mich auch darum, bei seinem Bett zu wachen. So kam es, dass ich bei ihm war, als er zum letzten Mal wach wurde und vor Schmerzen schrie. Die Medikamente wirkten nicht mehr, der Schlaf war kurz unterbrochen, mein Vater schrie seine Schmerzen hinaus. Und er rief meinen Namen. Leo, Leo, erklang es im Zimmer zum Garten hin. Noch nie hatte er meinen Namen geschrien, noch nie hatte er so nach mir gerufen. Ich setzte mich an sein Bett und ergriff seine Hand. Das Martyrium dauerte eine Stunde. Dann linderte Morphium seine Schmerzen und er glitt nach ein paar guten Stunden endgültig in seinen letzten Schlaf. Kurz zuvor blickte er mich an. „Wenn ich wach werde, werden wir dann wieder zusammen beten?“, fragte er. Ich kniff in seine Hand und versprach ihm, dass wir das tun würden. „Und wenn du selbst nicht beten kannst, dann werde ich das für dich tun“, fügte ich noch hinzu. Danach küsste ich ihn auf seine Wange, und er schlief ein. Er wachte nicht mehr auf und starb 48 Stunden später.

BRIEF 22

ANSELM GRÜN

Die letzten zehn Tage – gesegnete Tage

Lieber Leo,

herzlichen Dank für Ihren Brief über das Abschiednehmen von Ihrem Vater. Drei Gedanken haben mich besonders berührt: Einmal die Beschreibung Ihres gemeinsamen Urlaubs in Naumburg und Ihrer Bootsfahrt auf dem Edersee. Da konnten Sie und Ihr Vater, ohne Rücksicht auf die Zeit nehmen zu müssen, miteinander sprechen. Sie erlebten einander ganz anders. Sie kamen sich näher. Und sie erlebten Ihren Vater wie ein Kind, das einfach mit offenen Augen in die Welt schaute, das das Wasser des Edersees bestaunte. Diese Kindlichkeit zeigt die innere Klarheit des Vaters. Er ist einfach da. Er ist offen für das, was ist. Als Sie ihm die Fotos kurz vor seinem Tod nochmals zeigten, war er glücklich. Und er sah sich diese Bilder aufmerksam an: „Schöne Bilder" nannte er sie. Er war einverstanden mit seinem Kinderblick, mit seiner kindlichen Klarheit. Er hat darin sein wahres Wesen geschaut, unverstellt von den Bildern und Erwartungen, die andere ihm übergestülpt haben.

Die Zeitlosigkeit, die Sie im gemeinsamen Urlaub erfahren hatten, durften Sie nun auch beim Abschiednehmen erleben. Ja, es war ein Engel, der Ihnen die Fragen an den Vater eingegeben hat. Sie dachten, Sie hätten noch Monate Zeit, mit ihm alles zu besprechen. Aber Sie haben sofort die wichtigen Dinge – das Sterben, die Krankensalbung und Gott – angesprochen. So konnten Sie über das Wesentliche miteinander sprechen. Sie wissen heute nicht mehr, was

Ihnen den Mut gegeben hat. So dürfen Sie vertrauen, dass Ihr Engel Ihnen das eingegeben hat. Auf diese Weise wurden die letzten zehn Tage für Sie und Ihren Vater trotz allen Schmerzes doch gesegnete Tage. Es waren zehn intensive Tage. Sie haben Ihre Arbeit einfach losgelassen und waren nur noch für den Vater da. Aber es war auch eine Zeit, in der Sie selbst ganz da waren. Beim Vater und mit dem Vater kamen Sie mit Ihrem eigenen innersten Kern in Berührung.

Und Sie haben Ihren Vater als einen betenden Menschen erlebt. Seine letzten Worte waren ja: „Wenn ich wach werde, werden wir dann wieder zusammen beten?" Und Ihr letztes Wort war, dass Sie ihm versprachen, mit ihm zu beten. Und wenn er es selber nicht mehr könne, würden Sie es für ihn tun. In dieser Gewissheit ist er für immer eingeschlafen. Er wusste sich vom Gebet getragen. Die Schmerzen und die Drangsal, die sie ihm bereitet haben, waren verflogen. Es war nicht nur das Morphin, das seine Schmerzen linderte. Als er sich vom Gebet getragen wusste, da konnte er loslassen, da vermochte er, sich in Gottes gute Hände fallen zu lassen. Wenn Sie jetzt wieder den Rosenkranz beten, können Sie sich immer wieder erinnern an den gemeinsamen Rosenkranz, den Sie mit Ihrem Vater gebetet haben. Sie haben dabei mit Ihren Händen den gleichen Rosenkranz umfasst. So sind die Hände des Vaters dabei, wenn Sie heute Rosenkranz beten. Das Gebet verbindet Sie mit Ihrem Vater. Er betet jetzt im Himmel den Rosenkranz anders, nicht mehr als Glaubender und Suchender, sondern als Schauender. Das Gebet war der Weg für Ihren Vater, sich in Gott hinein loszulassen. So lädt der Rosenkranz Sie ein, sich vertrauend in Gottes Hände fallen zu lassen und sich in Gottes guten Händen zu bergen.

Sie dürfen dankbar sein, dass Sie den Abschied von Ihrem Vater so bewusst erleben durften. Mein Vater ist von mir gegangen, ohne dass er seinen Tod angekündigt hat. Ich war in Rom zum Studium. Ich hatte ihn in den Weihnachtsferien, als ich auf der Fahrt von Münsterschwarzach nach Rom über München fuhr, das letzte Mal gesehen. Wir sprachen über die Primiz. Ich dachte da nicht ans Sterben. Wir können uns nicht aussuchen, wie der Abschied von Vater und Mutter aussieht. Ich nahm Abschied während der Nachtfahrt mit dem Zug. Und ich nahm Abschied im Gottesdienst und am Grab. Der Abschied ging in Etappen vor sich. Bei der Priesterweihe und Primiz war mir mein Vater gegenwärtig. Aber da war wenig Raum, Abschied zu nehmen. Erst später kamen immer wieder Augenblicke, in denen mir schmerzlich bewusst wurde, dass mir mein Vater fehlte. Dann war es Zeit, den Abschied zu betrauern und durch die Trauer neu zu entdecken, was mir mein Vater bedeutet und was ich ihm verdanke.

BRIEF 23
LEO FIJEN

Als der Tod meines Vaters in Sichtweite kam, lebte ich bewusster denn je

Lieber Pater Anselm,

dieses Jahr haben wir einander zwar viel geschrieben, uns aber noch nicht gesehen. Bis letzte Woche Freitag, als ich in aller Frühe in den Zug stieg, um fünf Stunden später in Würzburg zu sein, nicht weit von Münsterschwarzach, nicht weit entfernt von Ihrer Abtei. In den wunderbaren Stunden der Zugfahrt las ich zum ersten Mal all meine bisherigen Briefe und auch all Ihre Antworten. Ich tat das, um mich auf unser Treffen vorzubereiten, ich tat es auch, um einen Überblick über die Gesamtheit der Briefe zu bekommen.

Zwei Dinge wurden deutlich: In den ersten Briefen ging es vor allem um den täglichen Wahnsinn, über das große Weltgeschehen und die Ereignisse in meinem Land. Die Vollstreckung der Todesstrafe an Saddam Hussein, der milde Winter und die vielen Regenschauer, das Novum einer christlichen Regierung: Das waren die Themen der ersten Wochen. Aber je mehr das Jahr fortschritt, umso mehr stand die Krankheit meines Vaters im Mittelpunkt. Als ich die Briefe noch einmal las, sah ich erst, wie sich mein Leben mehr und mehr vom großen Weltgeschehen entfernte und immer stärker vom Verfall meines Vaters bestimmt wurde. Wenn der Tod auf der Schwelle steht, werden die Nachrichten aus der weiten Welt relativ, lernte ich aus meinen Briefen. Das Sterben meines Vaters schränkte meinen Blick ein, relativierte die Titelseiten der Zeitungen und gab meinem Leben einen anderen Akzent.

Die kleinen Neuigkeiten meiner eigenen Familie beherrschten eigentlich alles. Von dem Moment an, als mein Vater 82 Jahre alt wurde und ich ihn kurze Zeit später ins Krankenhaus begleitete, lebte ich im familiären Mikrokosmos und ließ alles andere los. Ich sah und hörte die großen Nachrichten zwar noch, aber sie berührten mich nicht. Als der Tod meines Vaters sich ankündigte, lebte ich von Tag zu Tag. Als das Ende nahe war, lebte ich bewusster denn je. Das erstaunte mich: dass die Endlichkeit des Lebens mein eigenes Leben derart auf den Kopf stellte. Ich brachte mehr Aufmerksamkeit für das Hier und Jetzt auf, ich lernte die vormals weniger wichtigen Dinge schätzen. Es gab keinen Unterschied mehr zwischen wichtig und unwichtig. Alles zählte, jede Minute mit meinem Vater war kostbar und einzigartig. Nichts konnte noch einmal gemacht oder wiederholt werden. Bei allem, was ich tat, hatte ich das Gefühl, dass es das letzte Mal sein konnte. Ich lebte in dem Bewusstsein, dass es für uns kein Morgen mehr geben könnte. Tief in mir wusste ich, dass die Zeit drängte, dass sie nicht reichte und dass jede Minute mit meinem Vater eine gewonnene Minute war. Eigentlich lebte ich, wie Henri Nouwen es mich einst gelehrt hatte: Lebe, als sei jeder Tag dein letzter, lebe, als gäbe es kein Morgen.

Das bedeutete nicht, dass ich in jener Zeit ständig überarbeitet und nur in Eile war. Nein, es entwickelte sich dahin, dass ich jeden kostbaren Moment genoss, der mir gegeben wurde. Es hatte zur Folge, dass ich jede Minute zelebrierte. Darum entschloss ich mich dazu, immer öfter einfach so bei meinem Vater eine Tasse Kaffee zu trinken, darum ging ich fast jeden Tag kurz im Krankenhaus vorbei, darum fand ich es schön, meinen Bruder und meine Schwestern zu sehen, darum spendierte ich auch in den letzten Tagen meines Vaters jeden Morgen Kuchen, um zu feiern, dass wir – Brüder, Schwestern, Neffen und Nichten – uns alle Zeit genommen hatten, am Krankenbett zusammenzukommen und einander festzuhalten.

In jenen Tagen schaute ich eigentlich kein Fernsehen mehr, hörte die Nachrichten im Radio nicht mehr und konsultierte auch nicht mehr die Nachrichtenseiten im Teletext oder Internet. Die Diskussion über den Klimawandel, die niederländischen Toten in Afghanistan, der Dopingskandal während der Tour de France, die Integrationsdebatte, der Abschied von Tony Blair – das alles ging an mir vorbei. Ich lebte in einer viel kleineren Welt – einem Krankenhauszimmer oder dem Wintergarten in meinem Elternhaus. Das Dasein reduzierte sich auf einen Kuss, eine Tasse Kaffee, einen Händedruck, ein Stück Obst, ein Gebet, ein gutes Gespräch, eine lang andauernde Stille und die Haltung des Zuhörens. Diese Art zu leben lag jenseits all meiner Ambitionen, meiner Lesungen, meiner Bücher und Zuschauerzahlen. Die Welt war so klein geworden wie der Stuhl meines Vaters, das Bett im Krankenhaus und zu Hause und die Küche im Haus meiner Eltern. Und die einzigen Fragen, die mir gestellt wurden, waren: Wann kommst du wieder, wann sehe ich dich wieder, wann beten wir wieder zusammen? Da habe ich gelernt, dass die Familie, aus der ich komme, mir festen Grund unter den Füßen gab, meinem Dasein Sinn verlieh, mich viel über die Wurzeln meines Lebens lehrte. Weil ich mir die Zeit dazu nahm, lernte ich meinen Vater besser kennen, geradeso wie ich das am Krankenbett meiner Mutter erfahren durfte. Stärker noch: Ich durfte erkennen, dass ich meinem Vater manchmal ähnlicher war, als ich gedacht hatte. Nie werde ich vergessen, wie ich mit ihm zusammen beim Facharzt für Geriatrie saß. Er wurde gefragt, was er jeden Morgen aß. „Schokoladenstreusel, Honig und Frühstückskuchen" lautete die Antwort. Ich erschrak vor seinen Worten. Sie kamen mir sehr bekannt vor. Ich wohne schon dreißig Jahre nicht mehr zu Hause, und erfahre bei dieser Gelegenheit, dass mein Vater dasselbe frühstückt wie ich.

Noch etwas erfuhr ich bei dem Termin mit dem Facharzt. Mein Vater erzählte ihm, dass er lieber kein Stukkateur geworden wäre. Wenn es an ihm gelegen hätte, wäre er nach seinem Volksschulabschluss in die Sozialarbeit oder in die kirchliche Arbeit gegangen. Aber sein Vater brauchte ihn in der Firma und ließ meinem Vater keine Wahl. All die Jahre hat mein Vater also seinem Herzen nicht folgen können. Ich wusste, wie sich das anfühlt, weil ich schon jahrelang unschlüssig bin, ob ich nicht doch den Mut aufbringen sollte, noch Theologie zu studieren. Ich sprach über dieses Bekenntnis meines Vaters später mit seinem jüngsten Bruder, dem Priester. Der erzählte mir, dass mein Vater schon in jungen Jahren durch seine Frömmigkeit und seinen Mut zum Glauben Eindruck gemacht hatte und dass er in dem tiefsten Glauben lebte, dass Gott sein Dasein bestimmte. Als ich dies hörte, wusste ich, dass ich auch in meinem Glaubensleben mehr meinem Vater ähnelte, als ich bisher angenommen hatte.

Mein Vater sprach sich bei diesem Arzttermin aus. Manchmal hatte ich das Gefühl, bei einer Beichte zugegen zu sein. Ganz am Ende der Fragenliste angekommen, konstatierte mein Vater plötzlich, dass er nie in Vertrauen gelebt hatte. Er begann mit seiner Erziehung und erklärte, dass, was immer er auch machte, nie gut genug war. Er lebte also voller Misstrauen und hat den Zweifel nie ablegen können. Meine Schwester, die bei diesem Arzttermin ebenfalls anwesend war, und ich schauten einander an und verstanden viel besser, wie wir das Leben unseres Vaters betrachten mussten. Und wir wussten in diesem Augenblick auch, dass er sich nach Liebe sehnte – ganz sicher war dies jetzt, in seinem letzten Lebensabschnitt der Fall. Wir trafen einen Entschluss: ihn mit aller Liebe zu umringen und ihm deutlich zu machen, dass er diese Liebe wert war. Dieser liebe, gute, zweifelnde und sanfte Mann; dieser Junge, der das Misstrauen nie hatte überwinden können; dieser Vater, der immer so fürsorglich gewesen war: Er verdiente unsere Liebe. Und er bekam sie auch, bis in die letzten Minuten. Das Letzte, was er von seinen Töchtern bekam, war eine liebevolle Waschung. Das Letzte, was er von seinen Söhnen bekam, waren ein Kuss und eine Umarmung. Wir wollten damit nur sagen: Wir lieben dich!

BRIEF 23
ANSELM GRÜN

Im Sterben eines Menschen geht eine Welt zu Ende

Lieber Leo,

ja, unser Briefwechsel war in der letzten Zeit ganz und gar vom Tod Ihres lieben Vaters geprägt. Die Weltpolitik trat in den Hintergrund. Aber ich habe den Eindruck, dass es so stimmt. Das Sterben des Vaters und das Abschiednehmen von ihm sind wichtiger als alles, was in der großen Welt geschieht. Im Sterben eines Menschen kommt die Welt zu Ende. Da relativiert sich alles, was die große Welt ausmacht. Sie lernten, ganz im Augenblick zu sein. Und sie verstanden auf einmal die Anregung von Henri Nouwen, so zu leben, als ob es der letzte Tag wäre. Das ist auch für mich eine wichtige Meditation. Manchmal stelle ich mir vor, es könnte mein letzter Tag sein. Es könnte sein, dass ich von einem Vortrag nicht zurückkomme, weil ich irgendwo in einen Unfall verwickelt werde. Ich stelle mir dann vor, wie ich mich von meinen Mitbrüdern verabschiede oder was ich den Zuhörern sagen würde. Der Gedanke, es könnte der letzte Tag sein, lädt mich ein, bewusster zu leben. Ich bin dann ganz beim Abschiednehmen. Ich bin ganz in dem, was ich sage. Was die anderen denken könnten, ob ich einen guten Eindruck beim Vortrag mache – all diese Gedanken treten in den Hintergrund. Sie sind nicht mehr wichtig. Wichtig ist allein, dass das, was ich gerade tue, stimmt und dass ich ganz in dem bin, was ich sage und tue.

So führt uns das Sterben und das Abschiednehmen von einem Sterbenden zum Wesentlichen. Es lädt uns ein, authentisch zu leben, bewusst unsere Lebensspur in diese Welt einzugraben. Damit prägen wir diese Welt mehr, als wenn wir zu allem, was geschieht, einen Kommentar abgeben. Der Tod eines lieben Menschen stellt uns die Frage, worauf es eigentlich ankommt in unserem Leben. Wir können die Welt nicht außer Acht lassen. Wir leben in dieser Welt und sollen sie mitgestalten. Aber wir gestalten sie nicht in erster Linie dadurch, dass wir in der Öffentlichkeit auftreten und alles Geschehen kommentieren. Die eigentliche Lebensspur, die wir eingraben und mit der wir diese Welt verwandeln sollen, ist die Spur unserer persönlichen Liebe, die bei jedem Menschen eine andere Färbung annimmt. Das hat Sie Ihr Vater gelehrt: Es kommt darauf an, diese Welt mit Liebe zu durchdringen.

Ihr Vater hat kurz vor seinem Tod Dinge von sich ausgesprochen, die er in seinem ganzen Leben nicht gesagt hat. Sie hatten beim Gespräch mit dem Arzt den Eindruck, einer Beichte beizuwohnen. So offen hat Ihr Vater über sich selbst gesprochen, über seinen Glauben, aber auch über sein Misstrauen, über seine Lebensträume und über das Zerbrechen dieser Träume, weil er in der Werkstatt seines Vaters mitarbeiten musste. Sie haben als Sohn erst kurz vor dem Tod Ihres Vaters gespürt, was ihn in all diesen Jahren bewegt hat und wie er mit dem Zerbrechen seiner eigenen Lebensvorstellungen umgegangen ist. Er hat seinem Vater keinen Vorwurf gemacht. Er hat das Beste aus seinem Leben gemacht. Und er ist seiner Familie ein liebender Vater geworden. Aber bis zuletzt war er selbst bedürftig nach Liebe. So hat Ihr Vater Ihnen und Ihren Geschwistern einen Spiegel vorgehalten. Denn letztlich sind wir alle bedürftig. Wir geben alle viel Liebe an andere. Aber in unserem Herzen sehnen wir uns auch danach, dass wir Liebe von anderen empfangen. Sie haben Ihrem Vater in den letzten Tagen Ihre Liebe erwiesen. Das hat Sie selbst mit einem tiefen Frieden erfüllt. Und Sie haben gespürt, dass Sie in diesen Tagen das Wichtigste getan haben, das für Sie nun an der Reihe war: dem, der Ihnen das Leben geschenkt hat, die Liebe zurückzugeben, die Sie von ihm empfangen haben. Die Liebe, die Sie Ihrem Vater erwiesen haben und mit der Sie ihn in Gottes Liebe entlassen haben, bleibt Ihnen. Und sie wird Ihnen jetzt von Ihrem Vater, der bei Gott und in seiner Liebe für immer geborgen ist, zurückgegeben. Von Ihrem Vater strömt diese Liebe nun aus dem Himmel zu Ihnen auf die Erde. Und die Liebe des Vaters ist nun ohne Ende, weil sie in Gottes Liebe gründet.

BRIEF 24

LEO FIJEN

Die Verstorbenen sprechen auch in unseren Träumen

Lieber Pater Anselm,

Trauer um den Tod gibt es in jedem Alter. Tränen und Schmerzen sind unabhängig von Lebensjahren. Natürlich ist die Trauer anders bei einem plötzlichen Tod, selbstverständlich sind die Gefühle betäubender und heftiger beim Sterben eines Kindes, eines jungen Vaters oder einer jungen Mutter. Aber das heißt nicht, dass 50 oder 60 Jahre alte Kinder nicht über den Tod ihres hochbetagten Vaters oder der hochbetagten Mutter trauern. „Ein schönes Alter hat er/sie erreicht", hört man in solchen Fällen häufig. Ich sage das nicht mehr. Und ich wage es auch nicht mehr zu sagen, seit ich als Ehrenamtlicher in der Altenbetreuung immer öfter mit dem Tod von Menschen zu tun habe, die manchmal schon über 90 sind.

Ich erinnere mich noch, als sei es gestern gewesen, als man mich bat, beim letzten Abschied einer Frau zu sprechen, die fast 100 Jahre alt geworden war. Diese Frau hatte mich immer froh gemacht, weil sie im Hier und Jetzt lebte und für jede Stunde dankbar war, die ihr gegeben wurde. Sie hatte Anlass dazu, weil sie das Privileg genoss, bis zu ihrem letzten Atemzug bei klarem Verstand zu sein. Bei ihrer Beerdigung waren nicht viele Menschen anwesend. Aber die, die gekommen waren, liebten sie wirklich und trauerten aufrichtig. Ihr Sohn war am traurigsten. Er war Einzelkind, hatte lange seine Mutter gehegt und gepflegt und entbehrte sie nun schmerzlich. Mit seinem Verstand konnte er das annehmen, mit seinen Gefühlen als Kind tat er sich schwer damit. Einen 60-jährigen Sohn weinen zu sehen beim Abschied von seiner fast 100-jährigen Mutter hat mir gezeigt, dass jeder Abschied viel Schmerz bereiten kann.

Letzte Woche war ich bei der Beerdigung des Vaters einer guten Freundin. Er war der älteste Radfahrer des Dorfes, mit jedem befreundet und bis zu seinem Tod im Alter von 94 Jahren bei klarem Verstand. Bei der Abendwache war die Kirche voll, bei der Beerdigung am nächsten Tag wieder. Das Dorf nahm Abschied von seinem Dorfältesten. Und die Trauer war greifbar. Seine Tochter und sein Sohn hatten große Schwierigkeiten damit, Abschied zu nehmen. Aber es geht einfacher, wenn die Trauer von der ganzen Gemeinschaft getragen wird und der Tote fast zu einem spricht.

In den letzten Tagen seines Lebens lag dieser im Krankenhaus. Und jeden Tag um dieselbe Uhrzeit setzte sich eine Möwe auf seine Fensterbank. Als wenn sie sagen wollte: Du darfst kommen, du bist willkommen, die Himmelspforte steht offen für dich. Am Tag der Beerdigung hing ständig eine dunkle Wolke über der Kirche. Und genau in dem Moment, in dem die ganze Menschenmenge durch das Dorf zog, fing es an zu regnen. Einige sagten: Das ist ein Zeichen des Verstorbenen. Er will sagen, dass er nun oben im Himmel ist und dass er trocken angekommen ist. Der älteste Radfahrer der Stadt war stolz darauf gewesen, dass er immer zwischen den Regenschauern radeln konnte.

In den Tagen nach der Beerdigung holten seine Kinder seine Sachen aus der Pflegeeinrichtung ab. Als Letztes packten sie das Foto ein, das an seiner Tür hing. Als sie gut hinschauten, entdeckten sie seine Handschrift auf der Rückseite. Es war das letzte Mal, dass dieser alte Mann etwas geschrieben hatte. „Ich bin kurz zurück ins Dorf. Mutter ist krank. Bin heute Abend wieder zurück“, stand da. Nach seinem Tod sprach er auf diese Weise noch einmal zu seinen Kindern und erklärte, warum er an Himmelfahrt losgelaufen und vom Weg abgekommen war. Dieser Ausflug war sein Tod geworden. Nun wussten die Kinder: Ihr Vater wollte zurück ins Dorf, weg aus der Pflegeeinrichtung.

In derselben Zeit erschien dieser alte Vater seiner ältesten Tochter im Traum. Die Verstorbenen sprechen in Träumen, erscheinen ihren Hinterbliebenen in lebendigem Leibe. Ich habe das nach dem Tod meiner Mutter und meines Vaters selbst erleben dürfen. Ich lag im Bett, als meine Mutter schon ein paar Monate lang tot war. Ich träumte, obwohl ich sonst nie träume. Ich träumte, dass meine Mutter noch ganz jung war und Rad fuhr, während ich als kleines Kind vorne in einem Kindersitz saß. Und meine Mutter sang meinen Namen, ich weiß es ganz sicher. Ich wurde lachend und froh wach. Sie war so nahe, Monate nach ihrem Tod.

So war es auch bei ihrer Beerdigung. Vom Pastor wurde ein Gedicht vorgelesen, ein Text, den meine Mutter selbst gerne vorgelesen hatte, ein Text über die Liebe: Erzähle den Menschen, wie lieb ich dich habe. In dem Augenblick, als der Pastor diese Worte las, flog Ende November ein Schmetterling auf diesen Text im Buch. Der Pastor erschrak, hörte auf zu lesen und sagte laut zur Kirchengemeinde: Diese Frau bringt uns auch nach ihrem Tod zum Staunen. Diesen Schmetterling im November sahen wir tatsächlich als ein Zeichen meiner Mutter an, als Zeichen, dass sie bei Gott und in unserem Herzen fortlebte. Aber eigentlich hatte sie dieses Zeichen schon eher gegeben. Sie starb an einem grauen Sonntag im November. Ich war dabei, als sie ihren letzten Atemzug tat. Genau in diesem Moment brach die Sonne durch die Wolken. Der Sonnenschein hielt etwa zehn Minuten lang an. Eine ehrenamtliche Mitarbeiterin des Hospizes, in dem meine Mutter starb, sagte: „Die Sonne ist kein Zufall, das ist eine Botschaft von eurer Mutter. Sie ist im Himmel."

Rund um das Sterben werden viele Zeichen gegeben. So auch in den letzten Tagen meines Vaters, als niemand genau wusste, wie lange es noch dauern würde. Ich war in dieser Woche fast ununterbrochen im Haus bei meinem Vater, bis auf eine kurze Unterbrechung, als ich in meinem eigenen Zuhause saubere Kleidung holte. Bei dieser Gelegenheit kam ich für ein paar Minuten in mein Arbeitszimmer, wo ich auf meinen Kalender schaute. Dieser hatte als Wochenbild ein

Foto mit einem Schmetterling. Ich erschrak: ein Schmetterling. Ich dachte an meine Mutter, ich wusste, dass sie ihn in dieser Woche erwarten würde. Und so geschah es: Er starb am 28. April.

Sein Tod kam nicht mehr als Überraschung. Auch deshalb nicht, weil ich schon andere Signale erhalten hatte. Das erste Mal, als mein Vater zum Facharzt für Geriatrie musste und ich ihn begleitete, geriet ich in einen Stau, wo sonst nie ein Stau ist. Ein einziges Mal vorher hatte ich dort im Stau gestanden und war dort gestrandet: als ich auf dem Weg zur Beerdigung meiner Mutter war. Dass an dieser Stelle des Weges wieder ein Stau war, als ich unterwegs war, um meinen Vater ins Krankenhaus zu bringen, sah ich als schlechtes Vorzeichen: wenn nur nicht der Tod auf ihn wartete. So erhielt ich mehrere Vorwarnungen, die mir sagten: Mein Vater war in seinen letzten Wochen. Es kann gut sein, dass ich gerade dadurch tief in meinem Innersten sicher wusste, dass mein Vater auf dem Weg in den Tod war und dass ich nicht zögern sollte, Zeit für ihn frei zu machen. Der Tod kommt längst nicht immer wie ein Dieb in der Nacht.

BRIEF 24
ANSELM GRÜN

Ich bin dankbar für die Träume, in denen mir mein Vater oder meine Mutter begegneten

Lieber Leo,

ja, jeder Tod hat seine eigene Trauer. Und alle Vertröstungen, dass der Verstorbene durch den Tod von seinem Leiden erlöst worden ist oder dass er ja lange genug gelebt habe, helfen nicht weiter. Der Tod tut trotzdem weh. Und der Abschied lässt uns weinen. Denn selbst wenn der Verstorbene die letzte Zeit nicht mehr ansprechbar war, so vermissen wir ihn dennoch. Durch den Tod ist etwas endgültig geworden. Wir werden den verstorbenen Vater, die verstorbene Mutter nicht mehr besuchen. Wir werden nicht mehr anrufen. Eine wichtige Kontaktperson fällt weg. Wir müssen uns neu orientieren. Wir müssen selbst Vater und Mutter für uns werden.

Sie schreiben von den Zeichen, die Menschen vor ihrem Tod geben und mit denen sie auf ihren Tod hinweisen. Und Sie erzählen von Zeichen, die der Verstorbene nach seinem Tod gibt. Meine Erfahrungen bestätigen das. An dem Morgen, an dem sie starb, sagte meine Mutter zu meiner Schwester, als diese sich für den nächsten Tag verabschiedete: „Da weiß ich nicht, ob ich noch lebe." Meine Schwester erschrak zwar. Aber im Gespräch mit der Pflegerin beruhigte sie sich und meinte, es sei nur so dahingesagt gewesen. Doch als meine Mutter am Nachmittag wirklich starb, spürte sie, dass die Mutter um ihr Sterben gewusst hatte, auch wenn nach außen hin keine Anzeichen darauf hinwiesen. Manchmal kündigen alte Menschen ihren Tod durch eine innere Unruhe an. Mein Vater war die letzten Tage vor seinem plötzlichen Tod unruhig. Er meinte, er müsse noch vieles erledigen. Da hatte er offensichtlich auch eine Ahnung, dass seine Zeit begrenzt war.

Oft erzählen mir Trauernde von Zeichen, die die Verstorbenen geben. Manchmal haben sie Angst, davon zu sprechen. Sie meinen, ich würde sie nicht für voll nehmen. Zu anderen trauen sie sich gar nicht davon zu reden. Die würden sie für krank halten. Und dennoch gibt es immer wieder Zeichen. Eine Frau erzählte mir von ihrem Mann, der sich in einer Depression das Leben genommen hatte. Er hat ihr am Morgen seines Todes noch ein Buch geschenkt, das er mit einem Einband versehen hatte. Sie hatte in diesem Augenblick keine Zeit gehabt, das Buch zu öffnen. Nach seinem Tod öffnete sie den Einband und las das Buch. Es erschien ihr wie eine letzte Botschaft des Mannes an sie. Beim Lesen des Buches schwand auf einmal alle Trauer. Sie konnte ihren Mann in seiner Krankheit und Verzweiflung zum ersten Mal richtig verstehen. Ihr fiel es gleichsam wie Schuppen von den Augen. Sie spürte, was seine Botschaft an sie war. Und sie konnte trotz der Trauer dankbar sein für ihren Mann, der jetzt frei war vom Leiden an seiner Depression und ihr nun Worte sagen konnte, die er während ihres Lebens nie über die Lippen gebracht hatte, die er aber eigentlich immer sagen wollte. Diese Worte standen in dem Buch, das er seiner Frau kurz vor seinem Tod geschenkt hatte. Jetzt konnte sie mit ihm in einer Weise kommunizieren, die vorher nie möglich gewesen war.

Ein Vater erzählte mir, dass bei der Beerdigung seiner dreijährigen Tochter, die von einem Auto überfahren wurde, ihre Lieblingsrose aufblühte, obwohl es November war, eine Zeit, in der die Rosen normalerweise nicht blühen. Und wenn er abends manchmal allein in seinem Zimmer sitzt, hat er das Gefühl, dass seine Tochter auf seinem Schoß sitzt und ihn umarmt. Seinen Freunden traut er sich das nicht zu erzählen, denn er gilt als nüchterner Mann. Aber es war ihm ein Bedürfnis, über diese Zeichen zu sprechen und sich zu vergewissern, dass er nicht verrückt sei, dass solche Zeichen möglich seien.

Ein Mitbruder erzählte mir von seinem Besuch bei Herbert Falken, einem Priester und einem der bedeutendsten religiösen Maler. Herbert Falken war mit Heinrich Böll befreundet, dem katholischen Schriftsteller, der aus der Kirche ausgetreten war aus Protest gegen die politische Blindheit, die ihm dort begegnete. Falken hat Böll kirchlich beerdigt. Er erzählte meinem Mitbruder: Oft habe er den Eindruck, Heinrich Böll sitze auf dem Sessel ihm gegenüber und rauche seine Zigarette. Er könne oft nicht entscheiden, ob das Realität oder Einbildung sei. Er erfahre es als Wirklichkeit.

Ich bin dankbar für die Träume, in denen mir mein Vater oder meine Mutter begegnet sind. Manchmal waren sie nur einfach da und zeigten, dass sie einverstanden sind mit meinem Leben. Für mich war es immer ein Zeichen, dass ich auch aus ihren Wurzeln lebe und dass ich gerade die Qualität brauche, die sie in ihrem Leben verwirklicht haben. Manchmal hat mir mein Vater auch etwas gesagt. Das war dann für mich immer Wegweiser für meinen Weg. Und als ich aufgewacht war, war ich glücklich. Ich spürte: Er ist bei mir und zeigt mir den Weg. Er macht mich aufmerksam auf das, worauf es wirklich ankommt.

BRIEF 25
LEO FIJEN

Ich hätte nicht gedacht, dass die Abhängigkeit von der Hilfe anderer meinen kranken Vater so erschüttern würde

Lieber Pater Anselm,

„Mit deinem Kopf in den Wolken und deinen Füßen auf der Erde“. Das steht auf dem Taufbuch meines Patenkindes Jakob. Schon vor einem Monat hat die Tauffeier in der mittelalterlichen Lebuïnuskirche in Deventer stattgefunden. Es war ein wunderschöner Sonntag. Die Kirche war voller junger Menschen und Kinder, die kurz zuvor ihre erste Kommunion gehabt hatten. Die Kinder bildeten ein Ehrenspalier um Jakob herum, sie sprangen, rannten und tanzten um das Baby, als bekämen sie nicht genug von diesem neuen Leben. Es war, als wollten sie die Jakobsleiter erklimmen – mit ihren Händen den Himmel berühren, um zu feiern, dass immer noch Wunder geschehen. Eigentlich hatte jeder das Bedürfnis, das lauthals zu verkünden. Jakobs Mutter verstand das sehr gut und erklärte vor der Taufe, was alle tief im Innersten fühlten: Dieses Wunder ist der Segen von oben und kann nur weiterleben mit dem Segen von oben. Darum bitten und beten wir um die schützende Hand Gottes. Nach menschlichen Maßstäben hätte dieses kleine Leben nicht sein können, aber die Menschen haben nichts zu sagen über Leben und Tod, sie tappen im Dunkeln über Anfang und Ende des Daseins. Wunder machen uns sprachlos. Das Leben ist mehr als ein Narr oder ein Held, mehr als Glück und

Trauer, sagte die Mutter von Jakob. Ohne das Wunder leben wir nicht, sangen wir danach.

Wunder bewirken, dass wir erkennen, dass das Leben ein Geheimnis ist. Das wurde mir in der Kirche klar. Und Geheimnisse lassen uns nach oben schauen und machen uns still. Ich bekam diese Woche die Fotos von der Tauffeier nach Hause geschickt und erschrak über mich selbst. Mein Blick war fast ehrfürchtig, es schien, als sei dieses Wunder zuviel für mein Auffassungsvermögen. Ich sah so ernst aus und konnte nicht lachen, obwohl dies doch ein festlicher Moment war, denn ich wurde Patenonkel. Ich wurde in eine neue Vaterrolle eingesegnet. Ich weiß auch noch genau, was ich in Gegenwart all der Menschen in der Kirche darüber gesagt habe. Es ist so etwas Besonderes und solch ein Privileg, wenn die eigenen Kinder aus dem Haus sind, dieses besondere Vater- oder Mutter-Gefühl noch einmal erfahren zu dürfen, fasste ich meine Gefühle über diese Patenschaft in Worte.

Aber es gab noch einen anderen Grund für meine Frau und mich, Patentante und Patenonkel sein zu wollen. Pateneltern vertreten nicht nur sich selbst, sondern alle, die dem neuen Kind wohlgesonnen sind. Alle, die das junge Leben umringen möchten, werden von den Pateneltern vertreten. Meine Frau wollte gern, dass ich das sage. Wir standen dort nicht einzig und allein für uns selbst. Erst später wurde mir klar, dass dieses Motiv an eine tiefe Wahrheit rührt. Kleine Kinder können nur zu Wachstum und Entwicklung gelangen, wenn andere sie umringen und ihnen eine sichere Umgebung bieten. Pateneltern sind die Symbole dieser Geborgenheit. Darum war es auch so schön, dass meine Frau noch vor der Taufe gebeten wurde, in die Sakristei zu kommen und das weinende Baby beruhigend in ihren Armen zu wiegen.

Das junge Leben war und ist noch so abhängig. Ich war wirklich beeindruckt, als ich Jakob in den Armen meiner Frau liegen sah – ganz still, ganz ruhig, ganz voller Vertrauen. Kleine Kinder leben von der Abhängigkeit. Und sie bekommen nie genug davon, hochgehoben, gebadet und versorgt zu werden. Kleine Kinder können nur leben, wenn sie sich selbst geben – sie lehren uns eine Lektion in Abhängigkeit.

Ich war gerührt von diesem Bild: der kleine Jakob in starken Frauenarmen. Und ich fragte mich, ob wir als Erwachsene eigentlich kein Heimweh haben nach dieser Geborgenheit und Sicherheit, nach dieser Zärtlichkeit und Fürsorge, dieser bedingungslosen Hingabe und Liebe. Ich jedenfalls sehne mich manchmal danach, für kurze Zeit wieder ganz unwissend zu sein, verwöhnt und gehätschelt zu werden, für kurze Zeit ein kleines Kind zu sein.

Wer sehnt sich nicht manchmal zurück nach dieser Abhängigkeit? Ich stelle diese Frage, während ich mir recht gut darüber im Klaren bin, dass viele Ältere Abhängigkeit anders betrachten. Sie sind sich bewusst, dass Abhängigkeit das Näherkommen des Todes signalisiert. Ich arbeite jetzt gut zehn Jahre als Ehrenamtlicher mit Älteren. Und ich habe von Nahem gesehen, wie lebenslustige und optimistische alte Leute sich innerhalb weniger Monate in gebrochene und apathische Menschen verwandelten. Sie konnten nicht mit der Tatsache leben, dass sie auf die Hilfe anderer angewiesen waren. Sie empfanden dies als demütigend, gingen seitdem murrend durch ihre letzten Lebenstage und schlugen gelegentlich vor Wut mit ihren Fäusten auf den Tisch. Sie fühlten sich in ihrer menschlichen Würde verletzt und konnten sich nicht mit ihrer eigenen Verletzlichkeit versöhnen.

Ich habe aus der Nähe miterlebt, dass Abhängigkeit den Älteren das Intimste nehmen kann: zur Toilette gehen, die Zähne putzen, das Gesicht rasieren und eine erfrischende Dusche nehmen. Ich wusste also, wie Abhängigkeit einem Menschen den Boden unter den Füßen wegziehen kann, aber ich hätte nie gedacht, dass diese Abhängigkeit meinen kranken Vater so erschüttern würde. Er hatte sich immer ziemlich abhängig meiner Mutter gegenüber verhalten und seine kindliche Unschuld nie ganz verloren. Ich ging deshalb davon aus, dass er ein einfacher Patient sein würde, auch in seinem Bett, zu Hause vor dem Gartenfenster. Aber das Gegenteil war der Fall. Mein Vater hatte in seinen letzten zehn Tagen häufig Schmerzen, aber mehr als gegen sie kämpfte er gegen seinen Verfall an. Er konnte nicht akzeptieren, dass er für seine primäre Versorgung von anderen abhängig war. Bis wenige Tage vor seinem Sterben wollte er aus seinem Bett gehoben werden und noch selbst zur Toilette gehen. Bis 48 Stunden vor seinem Tod bat er um seinen Rasierapparat und seinen Kamm, um sich selbst das Gesicht zu rasieren und seine Haare zu kämmen. Er lag in seinem Bett, seufzte und stöhnte, schlug mit seinen Händen gegen die Bettdecke und schüttelte vehement seinen Kopf, weil er anderen eine Last war.

Der Mann, der immer in gewissem Sinne ein Kind geblieben war, konnte sich nicht wie ein Kind hingeben. Er schämte sich vor den Kindern und denen, die ihn pflegten und empfand die Abhängigkeit als das Allerschlimmste. Er hatte von seinen Eltern gelernt, niemandem zur Last zu fallen. Jetzt erlebte er das Gegenteil und fühlte sich überflüssig. Er hatte das Gefühl, dass er jedem Umstände bereitete, dass er versagte. Und ich konnte ihn nicht von diesen Gedanken abbringen. Ich bekam in dieser Zeit ein Buch geschenkt, das ich erst nach seinem Tod gelesen habe. Ich finde es schade, dass ich den Inhalt dieses Buches nicht mit ihm habe teilen können. Vielleicht hätte es ihm geholfen, Mitgefühl mit sich selbst zu entwickeln. Das Buch handelt von einem alten Professor, dessen große Angst darin bestand, seine Unabhängigkeit zu verlieren. Schließlich kam es doch so weit, dass er sein Gesäß nicht mehr selbst abwischen konnte.

Und doch blieb dieser alte und kranke Mann positiv. Er lernte, seine Abhängigkeit zu genießen. Er wusste, dass er bald sterben würde und fand es herrlich, dass seine Beine massiert wurden und sein Gesäß eingerieben wurde. Er genoss es mit geschlossenen Augen und in vollen Zügen. „Es ist, als würde man wieder zum Kind“, lehrte mich dieser weise Mann. Er ließ sich darauf ein, wieder zum Kind zu werden und konnte so mit seinem Verfall leben. Mein Vater konnte das nicht.

BRIEF 25
ANSELM GRÜN

Wir müssen von den Kindern lernen, Abhängigkeit zu genießen

Lieber Leo,

die Taufe eines Kindes erinnert Sie an den Tod Ihres Vaters. Jesus spricht von der Taufe seines Todes (Lk 12, 50). Und Paulus sieht die Verbindung von Taufe und Tod Jesu als das eigentliche Geheimnis christlicher Taufe: „Wisst ihr denn nicht, dass wir alle, die wir auf Christus Jesus getauft wurden, auf seinen Tod getauft worden sind? Wir wurden mit ihm begraben durch die Taufe auf den Tod; und wie Christus durch die Herrlichkeit des Vaters von den Toten auferweckt wurde, so sollen auch wir als neue Menschen leben." (Röm 6, 3f) Sie haben die Taufe als Feier des Lebens erfahren. Die Kinder haben um den Täufling getanzt. Sie haben das Geheimnis des neuen Lebens gespürt. Die Taufe drückt das Geheimnis dieses neuen Lebens in wunderbaren Ritualen aus. Da wird das Kind mit Wasser übergossen, damit all die Bilder, die den ursprünglichen Glanz des Kindes trüben, abgewaschen werden und das Kind in seinem unverfälschten und klaren Bild aufscheint, in dem Bild, das Gott ihm gegeben hat. Das Kind wird mit Chrisam zum König, zum Propheten und Priester gesalbt. Wir wünschen dem Kind mit dieser Salbung, dass es als König frei ist und über sich selbst herrscht, anstatt von andern beherrscht zu werden. Wir wünschen ihm, dass es als Prophet etwas von Gott ausdrückt, das nur durch dieses Kind ausgedrückt werden kann. Und als Priester soll es das Heilige in sich selber hüten und in den Menschen schützen und ihnen vermitteln, dass in ihnen etwas Heiliges ist, über das diese Welt keine Macht hat.

Diese wunderbaren Bilder des Lebens verbindet Paulus mit dem Bild des Todes. Doch er meint damit, dass all das, was die Welt ausmacht, in der Taufe stirbt. Die Welt mit ihren Erwartungen hat keine Macht mehr über uns. Die Sünde als Verfehlen des Lebens ist mit Christus gestorben. Sie hat ihre Macht über uns verloren. Das Alte und Verbrauchte ist gestorben, damit wir in der Neuheit des Lebens leben. Paulus verbindet die Taufe mit dem Tod, weil er an die Auferstehung glaubt. Das Kind soll alles hinter sich lassen, was andere ihm überstülpen. Es soll in Jesus Christus als neuer Mensch leben, als einer, der aus seinem innersten Geist heraus lebt und nicht von den Erwartungen der anderen.

Noch etwas hat Sie an der Taufe Ihres Patenkindes Jakob an den Tod erinnert: die Abhängigkeit. Das Kind genießt die Abhängigkeit. Es fühlt sich geborgen in den Armen der Mutter oder in den Armen Ihrer Frau. Es genießt die Zärtlichkeit und Liebe, die ihm Sicherheit und Geborgenheit schenken. Bei Ihrem Vater haben Sie vor seinem Tod gespürt, wie schwer es ihm gefallen ist, das Abhängigsein zu akzeptieren. Ihr Vater hat sich dagegen aufgelehnt, nicht mehr selber auf die Toilette gehen und sich selber waschen oder rasieren zu können. Wie Ihrem Vater geht es vielen älteren Menschen. Und ich weiß nicht, wie es mir gehen wird, wenn ich im Alter und in der Krankheit angewiesen sein werde auf die Hilfe anderer. Wenn ich als Patient im Krankenhaus war, konnte ich die Abhängigkeit durchaus genießen. Ich war dankbar für die freundlichen Schwestern, die mich gepflegt und mich nach meinen Wünschen gefragt haben. Doch ich wusste, dass es nur eine kurze Abhängigkeit sein würde. Ich kenne viele ältere Menschen, die die Angst vor dem Sterben vor allem mit der Angst verbinden, von anderen abhängig und auf ihre Hilfe angewiesen zu sein. Das widerspricht ihrem Gefühl von Würde. Es ist auch ein hohes Gut, über sich selbst zu verfügen und für sich selbst sorgen zu können, selber leben zu können, autark zu sein. Doch offensichtlich müssen wir von den Kindern lernen, die Abhängigkeit zu genießen, so wie es der weise alte Mann gelernt hat, dessen Buch Sie nach dem Tod Ihres Vaters gelesen haben.

Die altersbedingte oder krankheitsbedingte Abhängigkeit von der Hilfe anderer Menschen erinnert uns an das Wesen unseres Menschseins. Als Menschen sind wir grundsätzlich angewiesen auf Gott. Wir sind abhängig von Gott. Wir haben uns nicht selbst geschaffen. Wir sind geschaffen worden. Die Ursünde von Adam und Eva war, dass sie sein wollten wie Gott. Sie wollten ihre Abhängigkeit von Gott nicht akzeptieren. Es steckt offensichtlich tief im Menschen, dass er selbst wie Gott sein möchte und nicht damit einverstanden ist, auf Gott angewiesen zu sein. Und dennoch spüren wir mit jedem Schritt, dass wir angewiesen sind auf Gott. Wir sind nicht Herr über Leben und Tod. Wir haben auch mit noch so gesunder Lebensweise keine Garantie darauf, bei guter Gesundheit alt zu werden. Wir sind auch in unserem Denken und Fühlen von Gott abhängig. Zwar können wir selbst denken und planen. Aber damit etwas wirklich Frucht bringt, braucht es etwas anderes. Jesus sagt seinen Jüngern: „Wer in mir bleibt und in wem ich bleibe, der bringt reiche Frucht; denn getrennt von mir könnt ihr nichts vollbringen." (Joh 15, 5) Für mich ist dieses Wort in den letzten Jahren immer wichtiger geworden. Ich kann vieles tun. Aber wenn es nur aus dem eigenen Ego entspringt, dann bringt es keinen Segen. Es macht nur auf mich selbst aufmerksam. Nur wenn das, was ich tue und schreibe, aus der Beziehung zu Jesus Christus kommt, bringt es Frucht. Das ist die tiefste Abhängigkeit, die wir als Menschen haben. Wenn wir damit einverstanden sind, dann wird unser Leben zum Segen für andere und dann können wir es genießen, dass wir nicht allein sind, dass wir in Gottes guten Händen geborgen sind und dass in uns eine Quelle entspringt, die größer ist als wir und unsere Kraft.

BRIEF 26
LEO FIJEN

Es war einfacher, den Tod anzunehmen, weil ich das Sterben meines Vaters körperlich gespürt habe

Lieber Pater Anselm,

wenige Wochen vor dem Tod meines Vaters bekam ich auf einer Lesung von einer netten, interessierten Frau ein Buch geschenkt. „Ich glaube, dass es Ihnen zusagen wird", sagte sie. „Das Buch handelt von einem Sportjournalisten, der mitten in seinem gehetzten Leben Kontakt sucht mit seinem alten Professor, der schwer krank ist. Am Sterbebett des Professors lernt der Journalist die Lektionen des Lebens. Er lernt dort anders mit der Zeit, mit dem anderen, mit der Endlichkeit, mit dem Glück umzugehen", erzählte sie mir.

Es war sicher kein Zufall, dass ausgerechnet dieses Buch zu jener Zeit meinen Weg kreuzte. Das Buch ist mir gewissermaßen zugefallen. Am Tag nach der Beerdigung meines Vaters begann ich, es zu lesen. Auch das war kein Zufall. Menschen, die die Einsamkeit des Todes von nahem gesehen haben, suchen die Verbundenheit geteilter Erfahrungen, um neu Aufschluss über ihr Dasein zu bekommen. Ich war genau wie alle anderen, die ihre Lieben sterben sahen. Ich wollte Verbundenheit, Wiedererkennbarkeit, Trost, ich wollte gegen meine Einsamkeit angehen. Darum lesen Menschen in der Trauerphase: um zu begreifen, was mit ihnen passiert ist. Ich tat dasselbe.

In dem schönen Buch über den alten Professor und die Lektionen des Lebens fand ich so viele faszinierende Aussagen, dass ich das Sterben meines Vaters rückblickend noch einmal besser verstand. Ich las etwa, dass der Sportjournalist seinen kranken Professor zum ersten Mal hochhob und festhielt. Der Journalist hatte keine Worte dafür, aber er spürte, dass der schmal gewordene Körper seines Professors dem Tod nahe war. Die Erfahrung kam mir so bekannt vor. Ich war und bin überhaupt kein Held im Versorgen von Kranken, aber bis zum heutigen Tag bin ich dankbar, dass ich meinen Vater hochgehoben und seinen geschwächten Körper gespürt habe. Ich habe dadurch den Tod in meinen Händen gefühlt und in meinen Armen getragen, und schloss in dem betreffenden Moment Frieden damit, dass mein Vater sterben würde. Von da an konnte ich für seinen Tod beten. Es war einfacher, das Sterben meines Vaters anzunehmen, weil ich das Schwinden des Lebens körperlich gefühlt habe. Immer wieder habe ich die kalten Füße meines Vaters, seine weiße Nase und seine gefühllosen Finger gestreichelt. Ich streichelte gewissermaßen den Tod, ich wusste in jeder Faser meines Leibes, dass das Ende nicht weit entfernt sein konnte.

Auf diese Weise habe ich mehrere Tage in der Nähe des Todes verbracht. Mein Vater hatte mich darum gebeten, bei ihm zu bleiben, die verbleibende Zeit mit ihm zu teilen. Dabei habe ich gelernt, dass diese Stunden und Tage die Tür zur gegenseitigen Nähe weit öffnen. Mein Vater bekam Zeit, um Abschied zu nehmen, und die Zeit gab uns den Raum, um einander näher zu kommen als je zuvor. Ich hatte meinem Vater noch nie über die Haare gestrichen, noch nie seinen Körper gestreichelt, ich tat dies nun, als könnte jede Bewegung und jede Berührung die letzte sein. Ich genoss, dass ich das tun konnte und wollte ihm die Sicherheit und Geborgenheit geben, die keine Worte mehr braucht. Manchmal merkte ich, dass er das gespürt hat. Es gab sogar einen Moment, in dem er mir das ohne Worte deutlich machte. In der letzten Nacht vor seinem Tod schien er wach zu werden, hob den Kopf von seinem Kissen, öffnete seine Augen und schaute mich sekundenlang an. Das war unser Abschied, ohne Worte.

Diese Nähe half mir in den Wochen und Monaten danach. Ich

fühle mich immer noch mit meinem Vater verbunden, wenn ich irgendwo bin und auf einmal den Geruch seines Krankenbettes rieche. Mitten in der Nacht half ich mehr als einmal dabei, sein Bett frisch zu machen. Den Geruch seiner Schmerzen kann ich nicht mehr vergessen. Und so bin ich in den unmöglichsten Momenten durch den Tod hindurch mit meinem Vater verbunden. Weil er noch etwas Zeit bekommen hat und ich mir die Zeit nahm, bis zum Ende bei ihm zu sein, konnten wir viel miteinander teilen. Und so kommt es vor, dass jetzt, Monate später, ein schönes Lied, ein eigenartiger Geruch oder ein aufgeschnapptes Wort im Radio mich mit einem Schlag an das Sterbebett meines Vaters zurückversetzen.

Aber auch auf eine andere Art denke ich noch regelmäßig an die letzten beiden Wochen mit meinem Vater zurück. In dem Buch über den Sportjournalisten und den alten, todkranken Professor sagt Letzterer: „Wenn man einmal lernt, zu sterben, lernt man zu leben, sieht man alles ganz anders, ist man während des Lebens mehr am Leben beteiligt." Der Professor schaute in seinen eigenen Garten hinaus und war von der Natur fasziniert, als würde er sie zum ersten Male sehen. Mein Vater lag in seinem Krankenbett mit Blick in seinen eigenen Garten und genoss auf fast kindliche Art den Sommer mitten im April. Er lachte nicht viel. Aber seine Augen strahlten, wenn er zu den Rosen hinübersah.

Er genoss dieses Leben so sehr, dass er bis zwei Tage vor seinem Tod aus seinem Bett heraus wollte. „Wer im Bett bleibt, ist tot", lese ich in dem erwähnten Buch. Und ich betrachte deshalb rückblickend die letzten Bedürfnisse meines Vaters auf andere Weise. Er hatte sich mit seinem Tod abgefunden, hatte sich mit seinem Ende versöhnt, wollte aber gerade deshalb noch einmal jedes Detail des Lebens genießen. Er bestand darauf, dass er in seinen letzten Tagen zu seinem Stuhl getragen wurde, der mitten im Zimmer stand. Er wählte seine Lieblingsgerichte aus, die er noch einmal essen wollte. Er freute sich über Trauben, als eine vollständige Mahlzeit zu viel für ihn war. Und als nach einem langen Schlaf unerwartet doch noch seine Lebensgeister erwachten, trank er Tee. Er hörte nicht auf zu trinken, fünf Gläser hintereinander. Ich half ihm dabei mit einem Strohhalm, fragte ihn, ob es nicht zu anstrengend sei. Aber er lächelte. Er zelebrierte den Tee, als sei es sein Lieblingsschnaps, er feierte das Leben, das zu diesem Zeitpunkt nur noch 48 Stunden dauern sollte.

Zu diesem Leben gehörte auch Sport. Mein Vater schaute gerne Fußball und las bis in seinem Sterbebett seine Lieblingsfußballzeitung. Das Letzte, was ihm unter die Augen kam, war nicht die Bibel oder ein anderer heiliger Text, sondern das Bild einer Fußballmannschaft. Er kommentierte sogar noch, was sich auf diesem Foto abspielte. Im Nachhinein musste ich darüber lächeln. Mein Vater glaubte wirklich an die Gemeinschaft stiftenden Werte des Sports, es war symbolisch für seine Lebenseinstellung, dass das letzte Bild, das er sah, die Spieler eines katholischen Fußballvereins zeigte. Das war und ist eine schöne Erinnerung, die ich in meinem Herzen mit mir trage. Das Lebensende ist voller Symbole und Bilder. Das überraschendste Bild ist für mich, dass mein Vater auch in seinen letzten Lebenstagen weiter schaute, über seine Bettkante hinaus. Er genoss das Leben, weil ihm klar war, dass er sterben würde.

BRIEF 26
ANSELM GRÜN

Durch Berührungen Abschied vom geliebten Menschen nehmen

Lieber Leo,

ja, es ist sonderbar: Durch viele Ereignisse unseres Lebens werden wir immer wieder an den Tod erinnert. Bei Ihnen ist es zum einen das Buch des Sportjournalisten, der seinen sterbenden Lehrer besucht hat, das Sie das Sterben des Vaters nochmals in einem anderen Licht schauen lässt. Es erinnert Sie vor allem an die zärtlichen Berührungen, die Sie den hinfälligen und sterbenden Leib Ihres Vaters spüren ließen. Sie hatten den Eindruck, Sie würden den Tod selbst berühren und ihm in der Berührung nahe kommen. Das hat es Ihnen ermöglicht, Ihren Vater loszulassen. Wenn man absterbende, kalt und steif werdende Finger berührt, fällt es leichter, den geliebten Menschen dem Sterben zu überlassen. Wir nehmen ja in seinem Leib den Tod schon als anwesend wahr. Es hat keinen Sinn, sich gegen den Tod aufzubäumen. Die Berührung ermöglicht es uns, Abschied von dem geliebten Menschen zu nehmen und ihn zugleich bewusst loszulassen. Diese Berührungen haben Ihnen eine neue Nähe und eine tiefe Innigkeit zu Ihrem Vater geschenkt. Dafür dürfen Sie dankbar sein.

Was Sie vor allem immer wieder an den sterbenden Vater erinnert, sind Gerüche. Der Geruchssinn ist ein sehr emotionaler Sinn. Wenn ich Heu rieche, taucht in meiner Erinnerung sofort die erste Freizeit auf, die ich als Kind auf einem Bauernhof machen durfte. Heu erinnert mich immer an Urlaub. Daher rieche ich es sehr gerne.

Ich ziehe den Geruch ein und die Ahnung von Freiheit und Weite, von Geborgenheit und Liebe taucht in mir auf. In der geistlichen Begleitung erfahre ich oft, dass Menschen bei der Erzählung von verletzenden Erfahrungen, aber auch von Glücksmomenten einen bestimmten Geruch in die Nase bekommen. Die Erinnerung an die Verletzung ruft in uns den Geruch hervor, mit dem wir die Verletzung verbinden. Und umgekehrt gilt auch: Wenn ein bestimmter Geruch in uns eindringt, erinnern wir uns an die Erfahrungen, die wir früher mit diesem Duft gemacht haben.

Sie bekommen den Geruch nicht mehr aus der Nase, den Ihr Vater im Krankenbett verströmte. Wenn Sie nachts aufwachen, ist der Geruch da. Und mit ihm die Erinnerung an den sterbenden Vater. Sie fühlen seine Nähe. Sie spüren die tiefe Verbundenheit mit ihm und die Liebe zu ihm. So haben Sie in sich den Geruchssinn, der Sie immer wieder in Beziehung bringt zu Ihrem Vater. Dafür dürfen Sie dankbar sein. Ob Sie es wollen oder nicht, der Geruch taucht in Ihnen auf und schon ist die Erinnerung an den Vater da. Sie hilft Ihnen, wieder neu dankbar die letzten Tage mit Ihrem Vater zu meditieren und das Geheimnis Ihres Vaters und Ihrer Verbundenheit mit ihm auf neue Weise zu erfahren. So gräbt die Erinnerung an das Sterben Ihres Vaters das Bild dieses einzigartigen Menschen, in dem Gott sich auf einmalige Weise ausgedrückt hat, immer tiefer in Ihr Herz. Die Erinnerung bringt das, was außen ist, nach innen, ins Innere des Herzens und der Seele. Der Geruch, der von außen kommt, führt Sie daher bis in den innersten Raum Ihrer Seele. Dort sind Sie mit dem Vater eins. Dort sind Sie auch mit Gott, Ihrem eigentlichen Vater, Ihrer wahren Mutter, eins. So ist es nicht nur eine nostalgische Erinnerung an die letzten Tage Ihres Vaters, sondern ein Weg zu Gott. Die Erinnerung an Ihren Vater führt Sie immer tiefer in die Liebe des unbegreiflichen Gottes hinein. Dort ist alles eins. Dort sind Sie eins mit sich selbst, mit Ihrem Vater und mit Ihrer Mutter, und mit der ganzen Welt

Doch Leben ist nicht nur Spiritualität. Das hat Ihnen Ihr Vater in den letzten Tagen ganz deutlich gezeigt. Da hat er nicht die Bibel gelesen, sondern seine Fußballzeitung. Er hat alles, was ihm wichtig war, nochmals intensiv wahrgenommen: seinen Garten, seinen Stuhl, seine Lieblingsspeisen. Er hat das Leben nochmals genossen. Im Genießen des Tees hat er das Wesen allen Genießens erahnt. Darin hat er schon einen Vorgeschmack dessen gespürt, was uns im Tod erwartet. Die Theologie spricht von „frui deo", vom Genießen Gottes, das die Ewigkeit ausmacht. Die Vollendung ist nicht nur ein Schauen, sondern ein Genießen. Beides hat ihr Vater erahnt, als er Sie so intensiv angeschaut hat, nachdem er erwacht ist. Was schaue ich, wenn ich einen Menschen betrachte? Letztlich sehe ich in jedem Antlitz etwas vom Antlitz Jesu Christi und vom Geheimnis des unsichtbaren Gottes. Und in jedem Genuss genieße ich etwas von der unbeschreiblichen Liebe und Schönheit Gottes.

BRIEF 27

LEO FIJEN

Der Tod brachte uns Kinder auf neue Weise zusammen

Lieber Pater Anselm,

mein Vater redete oft über Geld und lebte sparsam, um uns etwas zu hinterlassen. Sein Vater, mein Großvater also, redete noch häufiger über Geld. Wenn ich früher als kleines Kind meinen Großvater besuchte und die ganze Familie vereint war, ging es fast immer um Geschäftliches. Und dann wurde nicht einfach geredet, nein, es wurde geschrien. Wer am lautesten schrie, kam am meisten zu Wort. Mein Vater war weniger eingenommen von geschäftlichen Dingen, machte sich aber oft Sorgen über Geld. Er stöhnte über jeden Brief vom Finanzamt, über die mangelnde Kundenfreundlichkeit seiner Bank und weigerte sich umzuziehen, weil ihn das Geld kosten würde. Er lebte, um uns jetzt und später ein noch besseres Leben zu ermöglichen. Das Wunderbare an seiner Krankheit und seinem Sterben war, dass niemand mehr über Geld redete. Wir nahmen die Hilfe von Pflegekräften in Anspruch und schauten nicht auf einen Euro mehr oder weniger, wir wollten die beste Pflege für meinen Vater. Wir waren dazu bereit, das aus eigener Tasche zu bezahlen und wussten genau, dass wir ihm diese Pflege nicht selbst geben konnten. Wir wollten ihm Liebe und Nähe schenken und nicht Tag und Nacht mit der bloßen Krankenversorgung beschäftigt sein. Unsere Hoffnung war, dass wir auf diese Weise Hände, Herzen und Augen frei haben würden für das Wesentliche. Dafür hatten wir Geld übrig. Und es ist selbstverständlich, dass wir bei allem mithalfen und so die Pflegekräfte unterstützten.

Geld war in der Familie meines Vaters immer wichtig und ist es noch. Aber nun spielte es keine Rolle mehr. Mein Vater fand anfänglich noch, dass es schade um das Geld sei. Nach ein paar Tagen war er froh, dass wir es auf diese Weise geregelt hatten. Seine Kinder waren Tag und Nacht bei ihm, um mit ihm zu beten, mit ihm zu reden, mit ihm zu schweigen. Das Wohnzimmer, in dem das Thema Geld so oft die Gesprächsatmosphäre prägte, stand nun im Zeichen wirklicher Aufmerksamkeit und Liebe.

Wir feierten die Liebe für meinen Vater, aber auch unsere Liebe zueinander. Wir fanden es schön, füreinander da zu sein und für meinen Vater zu sorgen. Wir freuten uns, einander jeden Tag zu sehen und dadurch zu erfahren, dass wir zusammengehörten. Das war eine solch fantastische Erfahrung: zu wissen, dass man nicht alleine ist, dass man Brüder und Schwestern hat, Cousins und Cousinen, Onkel und Tanten, Freunde und Bekannte. Das gab und gibt unserem Leben Sinn, das gab und gibt dem Sterben Bedeutung, das gab und gibt Trost. Der Trost war am intensivsten zu spüren, als wir mitten in der Nacht das Bett des eben verstorbenen Vaters umringten. Wir fielen einander in die Arme, hielten uns ganz fest, wir beteten gemeinsam und blieben zusammen, um alles Nötige zu regeln.

Wir wollten diese Verbundenheit nie mehr verlieren. Und darum haben wir gemeinsam das Haus aufgeräumt. Abend für Abend, Tag für Tag, Woche für Woche: Wir taten es zusammen. Und wir hatten das Gefühl, dass wir immer mehr zueinander hin wuchsen. Das wollten wir feiern und haben deshalb an dem Tag, an dem das Haus fast leer war, zusammen gegessen. Wir taten das an einem symbolischen Ort: dort, wo wir als Familie aufgewachsen waren. Eigentlich brachte Vaters Tod uns, die Kinder, auf neue Weise zusammen.

Das stellte sich auch beim Verteilen seiner Sachen heraus. Es fiel kein unpassendes Wort. Jeder bekam die Freiheit, seine oder ihre besonderen Dinge mitzunehmen. Der eine nahm mehr mit als der andere. Manchmal wollten wir alle zu viel mitnehmen: Fotos, selbst gebastelte Erinnerungsbücher oder andere Gegenstände, die uns besonders viel bedeuteten. Aber je mehr ich mitnahm, umso öfter dachte ich: Diese Dinge sind nicht mein Vater oder meine Mutter, sie bleiben leblos. Fotos und liebgewonnene Dinge rufen meinen Vater und meine Mutter nicht ins Leben zurück, sie können meine Eltern nicht dem Tod entreißen. Die Besitztümer der verstorbenen Lieben zu sich zu nehmen, sind ein beinahe verzweifelter Versuch, festzuhalten, was einem durch die Finger gleitet. Schließlich muss ich mich der Vergänglichkeit beugen, denn auch Dinge gehen irgendwann kaputt. Die Toten leben vor allem in meinem Herzen fort und erwachen dort mehr zu Leben als die greifbaren Gegenstände. Wenn ich mit meinen Eltern weiterleben will, muss ich die Geduld aufbringen, weiter als bis zum Stift, zur Mütze oder zur Maurerkelle meines Vaters zu schauen. Alles steht oder liegt in meinem Zimmer, so wie so viele andere Dinge. Sie verweisen auf ein Leben, das vorbei ist, ein Leben, das nie mehr zurückkommt.

Vielleicht fühlten wir uns darum auch so verwaist. Unsere Eltern kommen nie mehr zurück, warten nie mehr auf uns und sind nie mehr da mit ihrer bedingungslosen Gastfreundschaft. Die Tür ist für immer geschlossen, das Wohnzimmer leer. Das Gefühl des Zuhauseseins, das einem soviel Sicherheit gibt, ist für immer verschwunden. Das tut weh. Aber der größte Schmerz kommt woanders her, lernte ich aus einem anderen Buch. Nicolaas Matsier beschreibt das verschlossene Haus und die Gefühle der Kinder, die keine Eltern mehr haben. Er legt den Finger in die Wunde. Die Kinder wissen jetzt, dass nichts mehr zwischen ihnen und dem Tod steht. Das vor allem schmerzt: zu wissen, dass wir die Nächsten sind, die sich dem Tod beugen müssen. Nichts steht mehr zwischen mir und dem Tod.

BRIEF 27
ANSELM GRÜN

Der Nächste, der stirbt, kommt aus unseren Reihen

Lieber Leo,

in vielen Gesprächen bekomme ich mit, dass nach dem Tod der Eltern um das Geld gestritten wird. Schon viele Familien haben sich wegen Erbstreitigkeiten gründlich zerstritten. Manche Brüder und Schwestern reden nicht mehr miteinander. Eine Rechtsanwältin, die sich auf Erbrecht spezialisiert hat, erzählte mir, dass es bei den Erbauseinandersetzungen nicht nur um Geld geht, sondern letztlich um die Frage, wer dem Vater oder der Mutter am nächsten stand und wer am meisten geliebt wurde. Manchmal möchten dann die, die sich nicht so geliebt fühlen, diese Liebe gleichsam nachholen, indem sie sich den größten Teil von dem erstreiten, was die Eltern zurückgelassen haben. Doch das erfüllt sie nicht. Ihre Sehnsucht nach Liebe kann durch Geld nicht gestillt werden. Und wenn sich die Familie über dem Erbe zerstreitet, zerrinnt noch der letzte Rest von der Liebe der Eltern, die in der Liebe der Geschwister erfahrbar wird. Und so lebt man ohne Liebe. Weil man die Liebe an äußeren Dingen festmachen wollte, hat man sie ganz verloren.

Sie dürfen dankbar sein, dass Sie einen anderen Weg gegangen sind. Sie haben vor dem Tod des Vaters nicht auf das Geld geschaut. Ihnen war es wichtig, beim Vater zu sein und ihn zu begleiten. So hat die Sorge für den kranken und sterbenden Vater die ganze Familie zusammengeführt. Sie haben auf neue Weise gespürt, was es heißt, Brüder und Schwestern zu haben, auf Freunde bauen zu können, die einem zur Seite stehen, wenn man sie braucht. Diese gute Erfahrung des Miteinanders haben Sie auch nach dem Tod des Vaters bewahrt, indem Sie gemeinsam das Haus des Vaters ausräumten und jedem die Möglichkeit gaben, das als Erinnerung mitzunehmen, was jedem wichtig war. Aber zugleich haben Sie erfahren, dass die Erinnerungsgegenstände den Vater nicht wieder lebendig machen. Sie sind Gedächtnisstützen, die Ihnen helfen, an den Vater zu denken. Aber entscheidend ist, dass der Vater, dass die Mutter in Ihrem Herzen weiterleben. Das tun sie nicht, indem Sie nur an die Vergangenheit denken. Ihr Vater lebt in Ihnen, wenn Sie mit Ihrem Leben antworten auf die Botschaft, die Ihr Vater mit seinem Leben und Sterben für Sie bereit hält. Und Ihr Vater lebt in Ihnen, wenn Sie aus seinem Geist heraus leben, wenn Sie etwas von seiner Sehnsucht spüren, die ihn sein Leben lang erfüllt hat, und wenn Sie mitten in Ihrem Alltag immer wieder den Glauben in sich erwecken, den Ihnen Ihr Vater vorgelebt hat. Wenn Zweifel über Sie kommen, wenn Ängste das Herz ergreifen möchten, dann kommt es darauf an, aus dem Glauben zu leben, der Ihren Vater durch all die Schwierigkeiten hindurch getragen hat, die er in seinem Leben erfahren musste. Und es war ja nicht immer eine leichte und glückliche Zeit, in der Ihr Vater gelebt hat. Trotzdem hat er seinen Glauben durchgehalten. Das ist seine Botschaft an Sie. Und diese Botschaft zu verstehen und auf sie zu antworten mit dem eigenen Leben, darauf kommt es an, nicht auf die Erinnerungsstücke, die irgendwann einmal ihre Bedeutung verlieren.

Noch etwas hat mich beim Lesen Ihres Briefes berührt. Wenn die Eltern gestorben sind, dann ist einer aus den Geschwistern der Nächste, nach dem der Tod greift. Das hat uns Geschwister und unsere Cousins und Cousinen ebenfalls bewegt, als wir meine Mutter vor sieben Jahren beerdigt haben. Sie war die Letzte der Eltern unserer Familie, die Letzte ihrer Generation. Der Nächste, der sterben wird, wird aus unserem eigenen Kreis kommen. Das können wir nicht mehr verdrängen. So lehrt uns der Tod der Eltern, uns mit dem eigenen Sterben auseinanderzusetzen, nicht ängstlich, sondern so, dass wir bewusst leben und wissen: Mein Leben ist wichtig. Ich darf meine Spur eingraben in diese Welt. Und ich möchte eine Spur hinterlassen, die auch für andere eine Einladung zum Leben und zum Lieben ist. Die Eltern laden mich dazu ein, darüber nachzudenken, was die Botschaft sein soll, die ich einmal den Menschen nach mir vermitteln möchte. Mein Leben soll eine Antwort sein auf die Botschaft, die mir meine Eltern gegeben haben. Aber die Antwort kann keine Kopie sein, sondern soll sich auf meine ganz persönliche Weise eine Gestalt schaffen, die für andere eine Einladung zum Leben wird.

BRIEF 28
LEO FIJEN

Der erste Geburtstag ohne meinen Vater

Lieber Pater Anselm,

ich habe gerade meinen 52. Geburtstag gefeiert. Es war ein schöner Geburtstag, an einem wunderbaren sommerlichen Sonntag, mit all denen um mich versammelt, die mir lieb sind. Außer natürlich meinem Vater. Es war der erste Geburtstag ohne ihn. So wie ganz viele Dinge das erste Mal ohne Vater geschehen. Und jedes Mal ist das natürlich eine Bestätigung dessen, dass er nicht mehr da ist. Jedes Ereignis erinnert mich immer wieder daran: Mein Vater ist tot, stirbt immer noch weiter, ist unwiderruflich tot. Und doch war er gegenwärtig.

An einer der Gratulationskarten, die ich erhielt, war eine selbst gebastelte Krawatte befestigt. Ich musste sofort an meinen Vater denken, weil er immer eine trug. Sogar als Stukkateur trug er unter seiner Arbeitskleidung eine Krawatte, die immer voller Mörtel- oder Kalkspritzer war. Aber das störte ihn wenig. Er war ein Mann von Prinzipien, geradlinig und traditionell. Er trug immer eine Krawatte, außer in einem einzigen Moment. An dem Morgen, an dem er in seinem Zimmer im Krankenhaus auf das Ergebnis der Untersuchungen wartete, traf ich ihn ohne Krawatte an. Das sagte viel über seine Erwartungen an das Gespräch mit dem Facharzt für Geriatrie. Es schien, als habe er gespürt, dass die Krawatte nicht mehr notwendig war. Alles hatte den Anschein, als ob er tief in seinem Innersten wusste, dass ihn schlechte Neuigkeiten erwarteten. Entsprechend saß er da, als meine Schwester und ich ihn für das Gespräch mit dem Facharzt abholten.

Ich erschrak, als ich ihn so entmutigt und formlos gekleidet antraf, und ermutigte ihn, doch eine Krawatte umzubinden. Er könne es nicht, gab er zu. Er sei zu nervös, zu unruhig. Als ich anbot, ihm zu helfen, weigerte er sich nicht. Er musste sogar lachen, vielleicht aus Nervosität. Es gelang mir nicht, seine Krawatte wirklich ordentlich zu binden. Sie hing etwas schief da, und so fuhren wir ihn zur Verkündung der schlechten Nachrichten.

In den darauffolgenden Wochen gab es noch eine besondere Situation im Zusammenhang mit der Krawatte. Es war das zweite Mal in seinem Leben, dass ich die Krawatte band. Er konnte mich nicht mehr darum bitten, denn er war schon tot. Aber mein Vater gehörte in seinem besten Anzug und eben mit Krawatte in den Sarg. Er sollte so aufgebahrt werden, wie er gelebt hatte. Das war eines der letzten Dinge, die ich für ihn tun konnte, und darum band ich ihm mitten in der Nacht vom 28. zum 29. April einen tadellosen Krawattenknoten. Dies gelang mir viel besser als im Krankenhaus. Seine blaue Krawatte mit den weißen Punkten passte fabelhaft zu seinem Anzug und saß unverrückbar fest unter dem Kragen seines guten Hemdes.

All diese Dinge gingen mir durch den Kopf, als ich an meinem Geburtstag die Gratulationskarte sah. Sie löste zahlreiche Gefühle in mir aus. Ich empfand dadurch das Bedürfnis, zum ersten Mal nach Vaters Tod meine Aufzeichnungen aus diesen Tagen durchzulesen. Beim Tod meiner Mutter hatte ich so gut wie nichts zu Papier gebracht. Ein paar Monate später hatte ich fast alles vergessen, außer den seltsamsten Einzelheiten. Ich wusste nicht mehr, wann wir Kinder mit welchem Arzt gesprochen hatten, brachte alles durcheinander und hatte dadurch das Gefühl, dass meine Erinnerung zu einem diffusen Brei gerann. Ich bereute es wirklich, dass ich mir nicht mehr die Zeit genommen hatte, die letzten Monate meiner Mutter aufzuzeichnen. Darum verfuhr ich bei der Krankheit meines Vaters anders. Vom ersten Gespräch mit dem Facharzt für Geriatrie an schrieb ich alles auf und hielt es fest, jeden Tag aufs Neue.

Nach dem Tod meines Vaters hatte ich alle Aufzeichnungen aus seinen letzten Wochen in einer Kiste in meinem Zimmer weg verstaut. Erst am Morgen meines Geburtstages holte ich die Papiere hervor. Im Garten begann ich zu lesen, bevor ich zur Kirche ging, um für den Seelenfrieden meines Vaters und meiner Mutter zu beten. Ich erkannte vieles wieder, noch öfter aber war ich überrascht. Im Grunde erschrak ich darüber und fragte mich: Habe ich den Tod meines Vaters nicht zu schön beschrieben, habe ich sein Sterben und alles darum herum nicht idealisiert? Ich las die Aufzeichnungen über seine letzte Nacht: „Sterben ist mitnichten schön, sondern herzzerreißend einsam." Zusammen mit der Pflegekraft habe ich seine letzten Nächte hindurch gewacht und gesehen, wie schrecklich der Tod sein kann. „Wir dachten, dass er sterben würde", notierte ich, „schon zwei Tage ohne Essen und Trinken. Er will einfach nicht sterben. Was für Schmerzen er haben muss."

Mein Vater hatte einen verbissenen Zug um seinen Mund, bewegte auf verkrampfte Weise seine Lippen und zeigte in seinem Schlaf vor allem deutliche Anzeichen von Schmerz. Er bekam Schmerzmittel und ein Schlafmittel, aber das schien nicht zu reichen. Er kämpfte in seinem Schlaf gegen den Schmerz. Und manchmal schien es, als würde er doch wach. Wir hatten Angst vor dem Moment, in dem das tatsächlich geschehen würde. Wie würde er aufwachen? Würde er dann in Panik geraten? Es war mitten in der Nacht, es war das Wochenende des Nationalfeiertages, kein Arzt war zu erreichen. Wir hatten Angst und waren allein. Und wir sahen, dass mein Vater auch in seinem Schlaf häufig Schmerzen hatte. Erst am nächsten Morgen kam eine Ärztin, die Bereitschaftsdienst hatte. Sie erhöhte die Medikamentendosis. Von diesem Moment an wurde mein Vater ruhig und sein Atem stockte immer öfter. Er starb dadurch friedlich. Das Leben glitt aus ihm hinaus. Die letzte Erinnerung an dieses ruhige Ende habe ich in meinem Herzen bewahrt; die andere Erinnerung an die Schmerzen in seinem Schlaf hatte ich schon aus meinem Gedächtnis verdrängt. Vielleicht bewahre ich die schönsten Erinnerungen ganz bewusst auf, um auch in der Zukunft mit dem Tod leben zu können.

BRIEF 28

ANSELM GRÜN

Mein Vater starb, nachdem er den Rasen gemäht hatte

Lieber Leo,

Ihr Vater hat immer eine Krawatte getragen. Das hat mich an meinen eigenen Vater erinnert. Er war Kaufmann und hatte in jungen Jahren in München ein Elektrogeschäft aufgemacht. Er ging nicht nur mit Anzug und Krawatte ins Geschäft. Auch zu Hause trug er immer Anzug und Krawatte. Ich habe meinen Vater nie im Pullover gesehen. Auch im Sommer, wenn es warm war, trug er immer eine Krawatte. Er machte es sich nicht leichter. Am 8. Mai 1971 mähte er in Anzug und Krawatte den Rasen unseres Gartens. Es war ein warmer Tag. Er schwitzte. Er nahm ein Bad und zog sich frisch an, um in die Maiandacht zu gehen. Mit Anzug und Krawatte saß er beim Abendessen, um sich vor der Maiandacht noch zu stärken. Plötzlich atmete er laut auf, ließ seinen Arm und seinen Kopf fallen und war noch im selben Augenblick tot. Er starb, wie er gelebt hatte. Ein paar Wochen zuvor war einer seiner Bekannten in der Nacht friedlich entschlafen. Da wünschte er sich, auch einmal so zu sterben. Gott hat seine Bitte erhört. Mein Vater ging nicht gerne zum Arzt. Er wollte sich von Ärzten nicht vorschreiben lassen, wie er zu leben hätte. Er wollte so leben, wie es für ihn stimmte. Das hat er bis zu seinem Tod so durchgehalten. Und es hat für ihn gestimmt. Freiheit war wohl das, was meinen Vater am meisten auszeichnete. Er war ein freier Mann. Er konnte es nicht haben, wenn sich der Staat in alles einmischte. Aber er gab auch nichts auf das, was die Leute sagten. Entscheidend war für ihn, dass er sich selbst und seinem Gewissen treu war. Diese innere Freiheit hat er gelebt und sie uns Kindern als Vermächtnis geschenkt. Und mein Vater war naturliebend. Er hat uns immer hingeführt in die Schönheit der Natur. „Bäume und Sträucher loben den Herrn." So sagte er uns Kindern auf unseren sonntäglichen Spaziergängen. Die Pflanzen wachsen nach oben und loben auf diese Weise Gott. Mein Vater starb, nachdem er den Rasen gemäht und seinen geliebten Garten auf diese Weise für den Sonntag bereitet hatte. Es war ein Samstagabend, an dem er starb. Die Sonne schien an diesem wunderbaren Maitag. Und die Sonne schien auch, als er beerdigt wurde. Wir Kinder hatten alle das Gefühl, dass Gott ihm dieses wunderbare Wetter geschenkt hatte, um unseren Blick vom Tod unseres Vaters auf die Schönheit seiner Schöpfung zu lenken und mit den Augen unseres Vaters in diese Welt zu schauen, die Gottes voll ist und die in ihrem Sein Gott lobt.

Als Sie Ihre Aufzeichnungen über das Sterben Ihres Vaters an Ihrem Geburtstag nochmals lasen, erschraken Sie und fragten sich, ob Sie den Tod Ihres Vaters nicht idealisiert und in zu schönen Farben geschildert hätten. Sie schreiben dann auch von den Qualen und Schmerzen, die er in seinem letzten Schlaf durchgemacht und gegen die er sich offensichtlich aufgelehnt hat. Das ist sicher eine Realität, die wir nicht verdrängen sollten. Aber trotzdem dürfen Sie dankbar sein, dass Ihr Gedächtnis Ihnen vor allem die Augenblicke vor Augen hält, in denen Ihr Vater friedlich entschläft. Unsere Seele weiß, was für uns gut ist. Sie verweist uns auf die Erfahrungen, die uns stärken und trösten möchten. Die anderen Erfahrungen sollen wir nicht verdrängen. Aber es genügt, sie einmal anzuschauen und ihre Botschaft zu vernehmen. Das Sterben kann auch schmerzlich sein. Wir haben keine Gewissheit, wie unser Sterben einmal sein wird. Die Angst vor den Schmerzen ist natürlich. Sie ist einfach da. Wir müssen sie anschauen und dürfen darauf vertrauen, dass die heutige Schmerztherapie auch diese Schmerzen zu lindern weiß. Aber das Sterben geht – mit oder ohne Schmerzen – immer auch erst durch Zweifel und Dunkel hindurch, um dann in ein friedliches Sich-Gott-Überlassen einzumünden. Wir sollen unserer Seele vertrauen, wenn sie uns vor allem die guten Erinnerungen an den Tod unserer Eltern vor Augen hält. Sie weiß, was wir brauchen, um im Andenken an unsere Eltern gut weitergehen zu können. Der Gedanke an den Tod der Eltern tut immer auch weh. Die Seele erinnert uns an die beglückenden Augenblicke ihres Sterbens, damit wir den Tod der Eltern nicht verdrängen, sondern uns mit ihm aussöhnen und seine Botschaft für unser Leben immer wieder bedenken.

BRIEF 29

LEO FIJEN

Die Kinder zusammen mit dem Pfarrer am Sterbebett

Lieber Pater Anselm,

als ich an meinem Geburtstag noch einmal las, was ich in den Tagen, an denen mein Vater im Sterben lag, geschrieben hatte, wurde mir erst klar, wieviel ich vergessen hatte. So viele Erinnerungen an die letzten Tage waren gut drei Monate nach seinem Tod schon weg. Ich wusste die betreffenden Dinge nicht mehr, ich hatte sie verloren. Ein Mensch erinnert sich scheinbar nur an die großen Momente und die merkwürdigsten unwichtigen Details. Der Rest verschwindet in dem bodenlosen Loch von Kummer und Trauer und bleibt für immer verborgen.

Ich bin froh und fühle mich privilegiert, weil ich alles über die letzten Wochen und Tage aufgeschrieben habe. So konnte aus dem Vergessen hervorgeholt werden, was am letzten Tag vor dem Tod meines Vaters alles geschehen war.

Um sieben Uhr morgens hatte es an der Tür geklingelt. Mein Vater lag in einem tiefen Schlaf, aus dem er nicht mehr erwachen würde. Ich saß an seinem Bett und tat, was ich ihm versprochen hatte: jeden Morgen und jeden Abend den Rosenkranz beten. Die Pflegekraft war nach oben gegangen, um etwas Schlaf nachzuholen. Ich hörte kurz mit Beten auf, öffnete die Tür und sah dort eine gepflegte Dame hinter einem Rollator stehen. Sie habe sich verlaufen, gestand sie. Sie wusste nicht mehr, wo sie hin musste, woher sie kam, wie sie hieß und wo ihre Tochter wohnte. Sie wusste nichts mehr. Ihr war kalt, und sie war ratlos. Vielleicht irrte sie schon seit Stunden durch den Ort.

Ich bat sie, hereinzukommen, bot ihr Kaffee und Plätzchen an, beruhigte sie und rief verschiedene Pflegeeinrichtungen an, um herauszufinden, ob jemand vermisst wurde. Es war eine verrückte Situation. Mein Vater lag dort vor dem Gartenfenster, auf seinem Sterbebett, und diese Frau war verwirrt und hatte keine blasse Ahnung davon, dass ein paar Meter entfernt jemand im Sterben lag. Schließlich habe ich die Polizei angerufen. Die war innerhalb von fünf Minuten da und nahm sich der Frau an.

Mehr als drei Monate später las ich erneut, was ich an jenem Morgen aufgeschrieben hatte. Und erst dann, aus der Distanz von Zeit und Gefühlen, wurde mir die Symbolik dieser Szene klar. Menschen sterben, wie sie gelebt haben, dachte ich, als ich meine eigenen Aufzeichnungen überlas. Vielleicht war diese Frau Symbol für alle Menschen, die die Hilfe meines Vaters in Anspruch genommen hatten. Er lebte nicht für sich selbst, er wollte für andere da sein. Das empfand er als den Sinn seines Lebens, so sagte er es mir auf seinem Sterbebett. Bereitstehen für andere, das wollte er. Darum hatte er auch eigentlich in die Sozialarbeit gehen wollen. Diese Frau hat an jenem Morgen nicht zufällig bei ihm geklingelt. Gut drei Monate später sah ich sie als Symbol, um uns an den innersten Lebensauftrag meines Vaters zu erinnern.

So wie an seinem letzten Tag noch mehr Dinge passierten, die davon erzählten, wie er gelebt hatte. Und auch diese Dinge kannte ich nicht mehr, auch sie waren mir verlorengegangen. Auch sie musste ich aus dem Abgrund des Vergessens hervorholen. Am letzten Freitag im Leben meines Vaters zum Beispiel kam der Gemeindepastor kurz vorbei. Der Pfarrer erschrak, denn er hatte ihm noch ein paar Tage zuvor gemeinsam mit dem Bruder meines Vaters das Krankensakrament erteilt.

Mein Vater hatte uns bei dieser Gelegenheit noch vorgebetet. Jetzt lag er in einem tiefen Schlaf, aus dem er nicht mehr aufwachen würde. Der Pfarrer erkannte, wie machtlos wir Kinder uns fühlten, und schlug vor, gemeinsam zu beten. Das war ein ganz besonderer Moment: die Kinder zusammen mit dem Pastor am Sterbebett versammelt. Wir mussten alle schlucken, kämpften gegen die Tränen an und hatten Mühe, laut mitzubeten.

Mein Vater hing an solchen Momenten. Er würde darum gebeten haben, wäre er noch bei Bewusstsein gewesen. Er starb, wie er gelebt und gebetet hatte. Und er starb auch, während das normale Leben weiterging. Das war ihm wichtig gewesen: beten, um danach wieder ans Werk zu gehen und hart zu arbeiten. Und was passierte während unseres Gebetes am Sterbebett? Die Frau, die ihm des Nachts und zu allen möglichen Unzeiten beigestanden hatte, war gekommen, um noch einmal die Küche sauberzumachen. Sie klopfte die Teppiche draußen aus. Das durchdringende Klopfgeräusch übertönte alles, auch unsere Gebete.

Ich wusste das nicht mehr, und es kehrte wieder in mein Gedächtnis zurück, als ich an meinem Geburtstag meine Aufzeichnungen las. Aber als ich diesen Moment wieder klar vor dem Geiste hatte, wusste ich, wie sehr ich ihn genossen hatte. Die Kinder, die zusammen mit dem Pfarrer vor dem Gartenfenster beteten; die Frau, die meinen Vater wie kein anderer kannte und die einfach weitermachte mit dem Teppichklopfen. Diese Szene gehörte zu meinem Vater. Er hätte sie wunderbar gefunden. Das spürten wir alle. Meine Schwester erkannte das und fiel der Frau weinend in die Arme. Wir wussten alle, dass das Sterben nicht weit entfernt war und dass das Leben zum letzten Mal ans Gartenfenster geklopft hatte. Menschen sterben, so wie sie gelebt haben, auch mein Vater.

BRIEF 29

ANSELM GRÜN

Menschen sterben so, wie sie leben

Lieber Leo,

„Menschen sterben so, wie sie leben." Diese Erfahrung hat sich Ihnen aufgedrängt, als Sie an Ihrem Geburtstag nochmals die Aufzeichnungen durchlasen, die Sie während der Tage des Abschieds von Ihrem Vater aufgeschrieben haben. Und Sie wunderten sich, dass Sie manches vergessen hatten, was Sie aufgeschrieben haben. Sie haben einfach notiert, was geschehen ist. Aber jetzt im Nachhinein ging Ihnen erst die wahre Bedeutung dessen auf, was damals geschah. Da ist einmal die verwirrte Frau, die sich verirrt hatte und nicht mehr wusste, wo sie war. Jetzt erkennen Sie, dass das kein Zufall war. Es war Ausdruck dessen, was Ihr Vater sein Leben lang geliebt hat. Er lebte nicht für sich selbst, sondern für andere. So haben Sie – stellvertretend für Ihren Vater – in seinem letzten Schlaf, von dem er nicht mehr aufgewacht ist, dieser verirrten Frau geholfen. Ihr Vater hat Ihnen gleichsam seine eigene Lebensmaxime übertragen: bereit sein für andere, offen sein für die, die gerade der Hilfe bedürfen. Ihr Vater hat Ihnen in seinen letzten Lebensstunden gezeigt, woraus und wofür er gelebt hat. Aber er hat Ihnen auch einen Auftrag erteilt: zu antworten auf das, was er gelebt hat. Sie haben es wie von selbst getan, ohne groß nachzudenken. So ist etwas vom Geist Ihres Vaters auf Sie übergegangen.

Sie haben nicht den gleichen Beruf wie Ihr Vater. Aber das, was Ihr Vater Ihnen in seinem Sterben gezeigt hat, ist zugleich ein Bild, unter dem Sie Ihren Beruf als Journalist verstehen können. Wenn wir schreiben, wenn wir etwas öffentlich sagen, tun wir es nicht für uns, sondern für die Menschen. Wir wollen verirrten und verwirrten Menschen die Augen öffnen, nicht weil wir alles besser wissen, sondern weil Gott uns gerade zu den Menschen sendet, die sich in diesem Augenblick nicht mehr mit ihrem Leben auskennen, die ihren Weg verloren haben und nicht mehr wissen, wo sie gerade stehen. So sind die Geschehnisse rund um das Sterben Ihres Vaters auch für Sie ein Bild, wie Sie Ihr Leben und Ihren Beruf verstehen können.

Das zweite Bild, an das Sie sich an Ihrem Geburtstag neu erinnern: Der Pfarrer kommt zu Besuch und lädt Sie und Ihre Geschwister ein, gemeinsam mit ihm für Ihren Vater zu beten. Ihr Vater liebte das gemeinsame Gebet in der Familie. Wenn eine Familie miteinander betet, geht davon eine große Kraft aus. Das Gebet verbindet die Mitglieder einer Familie miteinander. Und es stärkt sie in ihrem Glauben. Das Gebet schafft eine Atmosphäre der Geborgenheit. Die Familie weiß sich getragen von Gott. Sie kreist nicht um sich und die eigenen Gefühle, sondern schaut gemeinsam auf Gott, der sie trägt. Das gibt dem Miteinander seine Tiefe und schafft ein Zusammengehörigkeitsgefühl, das stärker ist als die rein familiären Bande. Auch dieses Bild will Ihnen nicht nur etwas vom Wesen Ihres Vaters zeigen. Es ist auch ein Bild, das in irgendeiner Weise über Ihrem Leben steht. Vielleicht will es Ihnen Mut schenken, dort, wo es passt, andere zum Beten einzuladen. Wir müssen immer eine Hemmschwelle überwinden, wenn wir einen anderen bitten, mit uns zu beten. Wir kommen uns leicht allzu fromm vor und genieren uns, unsere religiösen Gefühle vor jemand anderem auszudrücken. Aber wenn wir es wagen, entsteht ein intensives Miteinander. Und wir fühlen uns in Gott geborgen und von ihm getragen.

Das dritte Bild, das Ihnen am Geburtstag wichtig wird: Das alltägliche Leben geht weiter, auch wenn wir sterben. Die Putzfrau kommt und klopft die Teppiche aus. Sie tut das, was sie immer tat, ganz gleich, wie es Ihrem Vater ging. Auch das war für Ihren Vater typisch: Er zog sich nie ins Gebet zurück, sondern er betete, um sich mit neuer Kraft dem Alltäglichen zuzuwenden. Das Gebet öffnet uns die Augen, damit wir das, was jetzt gerade ansteht, anpacken. Und es gibt uns Kraft, die Schritte, die fällig sind, auch zu tun. Das Gebet befreit uns davor, nur um uns selbst zu kreisen. Es befähigt uns, den Auftrag zu erfüllen, den Gott uns zugedacht hat. Das Gebet hat Ihren Vater dazu getrieben, sein Leben für andere zu leben und ganz konkret das zu tun, was für ihn und für sie angemessen war. Wir können nicht bei unseren spirituellen Erfahrungen stehen bleiben. Spiritualität im Sinne Jesu besteht darin, einfach das zu tun, was dran ist, das zu erledigen, was wir dem Augenblick schuldig sind, was wir uns selbst schulden und was wir dem Nächsten und Gott schulden. Dazu ruft uns Jesus auf in dem Gleichnis von dem Sklaven, der tut, was der Herr ihm befiehlt. Der Sklave soll sich darauf nichts einbilden, sondern sich – und wir mit ihm – immer nur vorsagen: „Wir haben nur unsere Schuldigkeit getan." (Lk 17, 10)

BRIEF 30
LEO FIJEN

Wenn der Tod so rasch kommt, darf es Traurigkeit geben

Lieber Pater Anselm,

ich bin im Urlaub in Italien, in Piemont, einer Gegend, in der sich alles langsamer und träger abzuspielen scheint. Es kann kein Zufall sein, dass gerade hier die weltweite Bewegung des „Slow Food" entstanden ist. Speisen sollten mit mehr Geduld und Achtung vor der Schöpfung zubereitet und eingenommen werden. Die ganze Gegend hier lädt zu einem anderen Tempo ein: Weingärten, kleine, auf Hügeln gelegene Dörfer, wunderschöne Panoramen mit viel Grün und in der Ferne immer die Berge, die jegliche menschliche Geschäftigkeit relativieren und jeden Radfahrer und Wanderer dazu zwingen, sich in ruhigem Tempo nach oben zu bewegen. Unser Wohnwagen steht im Tal, neben dem Park hier im Ort. Dort spazieren den ganzen Tag Menschen vorbei, junge und alte. Sie machen sich keinen Stress, sondern schlurfen durch den Sand und Schotter. So wie auch die Jogger alle Zeit der Welt zu haben scheinen. Sie rennen nicht schnell, sondern gemächlich. Vom frühen Morgen an bis in den späten Abend hinein höre ich die Spaziergänger und Jogger: Niemand ist in Eile. Alle hier genießen das Jetzt, das Heute: Sie sind eins mit der Schöpfung und strahlen Frieden aus.

In dieser friedlichen Atmosphäre kommt viel Ruhe über mich und habe ich die Zeit, Ihr Buch über die Frage der Sinnfindung in Zeiten von Trauer und Kummer zu lesen. „Womit habe ich das verdient?" heißt das Buch. Es tröstet mich und weist mir den Weg durch diese

Phase. Ich brauche das, weil ich schon ein paar Monate einen anderen Text mit mir trage. Dieser wurde im Kloster der Karmeliterinnen im belgischen Weelde vorgelesen. Es handelt sich um einen Text von Tertullian über die Geduld. „Nicht einmal jene Art von Ungeduld, die durch den Verlust unserer Angehörigen herbeigeführt wird, wo dem Schmerz eine Art Recht zur Seite steht, lässt sich verteidigen", schreibt Tertullian und verweist auf Paulus, der uns ermahnt: „Wir wollen euch, Brüder, nicht über die Verstorbenen in Unkenntnis lassen, damit ihr nicht trauert wie die anderen, die keine Hoffnung haben."

Mir ist nur allzu klar, dass ich Geduld haben muss, dass ich Zeit brauche, um das Sterben meines Vaters auf eine andere Weise zu betrachten. Aber ich kann mit diesen Worten in den ersten Monaten nach seinem Tod nichts anfangen.

Die ganz große Trauer ist vorbei, aber ich fühle sehr wohl die Traurigkeit, die Leere und den Verlust. Die Gefühle sind öfter da, als ich bislang geahnt hätte. Ich frage mich, wie das kommt. Vielleicht ging es zu schnell mit der Krankheit meines Vaters, hat sich sein Verfall zu schnell vollzogen. Mein Vater dachte, er hätte noch ein paar Monate zu leben, aber er bekam nur ein paar Wochen. Es ging ihm zu schnell, und das galt auch für seine Kinder. Wenn der Tod so rasch kommt, darf es Traurigkeit geben und gibt es Schmerz, obwohl wir viel gebetet haben und im tiefsten Inneren glauben, dass mein Vater bei Gott ist.

Tröstet es mich dann, wenn ich einen Monat nach seinem Tod Tertullian lese?

„Denn indem wir an die Auferstehung Christi glauben, um derentwillen er gestorben und auferstanden ist, glauben wir auch an unsere Auferstehung. Da für uns also die Auferstehung der Toten eine feststehende Sache ist, so ist für den Schmerz über den Tod kein Platz mehr, ebenso wenig für die Ungeduld in Ertragung des Schmerzes. Warum solltest du es mit Ungeduld ertragen, dass dir vorläufig eine Person entrissen sei, von der du glaubst, dass sie zurückkehren werde? Was du für Sterben hältst, ist nur ein Verreisen. Wer vorausgegangen ist, den darf man nicht betrauern, sondern höchstens nach ihm verlangen", so lese ich seine Worte im Stundenbuch der Karmeliterinnen von Weelde.

Natürlich sehne ich mich nach dem Wiedersehen, natürlich glaube ich, dass Vater auf der Reise ist, aber ich vermisse ihn, ich vermisse ihn in den unerwartetsten Momenten. Wenn ich nicht darauf gefasst bin, trifft mich der Verlust am tiefsten. Nachdem ich endlich ein paar Tage nicht an meinen Vater gedacht habe und das gewohnte Leben wieder in Gang gekommen ist, kann es mich am härtesten treffen. Ich bin im Urlaub, telefoniere mit Verwandten und werde mir bewusst, dass ich seine Telefonnummer überschlagen kann. Ich schreibe Freunden und Bekannten Karten und brauche seine Adresse nicht mehr zu schreiben. Es ist kein Drama, aber es schmerzt sehr wohl. Und um mit dem Schmerz des Verlustes leben zu können, brauche ich andere Worte als die von Tertullian.

In Ihrem Buch „Womit habe ich das verdient?" finde ich diese Worte. Das Sterben eines Nahestehenden nimmt einen in Anspruch und stellt Fragen, schreiben Sie. Lieber würde ich nicht in ein Krankenhaus gehen und mich an einem Krankenbett unbehaglich fühlen. Ich muss immer eine Schwelle überschreiten, um die Konfrontation mit dem Kranken zu wagen. Das erste Mal, als ich meine Mutter hilflos in ihrem Krankenhausbett liegen sah, bekam ich weiche Knie. Das Gespräch mit dem behandelnden Arzt zog damals wie in einem Nebel an mir vorüber. Aber danach hat meine Mutter mich mit Verfall und Leiden vertraut gemacht. Sie zeigte mir den Weg. Darum hatte ich bei meinem Vater auch keine Angst mehr. So wagte ich es, in den letzten Tagen, in denen ihm alles aus den Händen glitt, bei ihm zu sein. Ich durfte mit ihm den Weg gehen in die unermesslichste Tiefe, die ich je bei einem Menschen sah. Ich durfte mit ihm zu dem Gott beten, den keiner von uns beiden begreifen konnte. Ich durfte neben seinem Bett sitzen, seine Hand halten, mit ihm schweigen und für ihn beten. Und ich durfte die Erfahrung machen, dass mein Vater ruhig wurde, wenn ich neben ihm saß, so wie meine Mutter es schön fand, dass ich bei ihr war, gerade in ihren schwierigsten Momenten. Das Sterben meiner

Mutter und meines Vaters hat mir den Weg aufgezeigt. Der Tod hat Türen in mir geöffnet, die ich selbst nicht kannte, Türen, bei denen ich nicht wusste, was sich dahinter verbarg.

Meine Mutter hat mir über die Schwelle geholfen, und mein Vater hat mich in seiner Schwäche und Verletzlichkeit gelehrt, dass ich mehr kann und wage, als ich dachte: dass ich zuhören kann, dass ich beten kann, dass ich waschen und pflegen kann, dass ich die Ruhe bewahre, wenn der Tod nah ist. Als mein Vater gestorben war, habe ich ihn geküsst und ein Kreuz auf seine Stirn gezeichnet. Ich habe mich bei ihm bedankt, weil er mich in seinem Verfall dazu aufgerufen hatte, einen anderen Weg im Leben zu gehen: Menschen in ihrer Schwäche und Verletzlichkeit nahe zu sein. Mein Vater, der gerne für andere gelebt hatte, zeigte mir in der Stunde seines Todes seine Lebensspur: da sein für andere. Wenn ich es wage, ihr zu folgen, gehe ich weiter in den Fußstapfen meines Vaters und wird sein Sterben fruchtbar. Das, finde ich, ist ein großer Trost. Und Sie haben mir mit Ihrem Buch Worte gegeben, um diesen Trost zu erfahren und dem Tod meines Vaters Monate später einen neuen Sinn zu geben.

BRIEF 30
ANSELM GRÜN

Der Vater, die Mutter fehlen uns

Lieber Leo,

es freut mich, dass Ihnen mein Buch „Womit habe ich das verdient?“ die Worte geschenkt hat, die Sie nach dem Tod Ihres Vaters brauchten, um wirklichen Trost zu finden. Die Worte, die Tertullian über den Tod unserer Lieben sagt, sind theologisch stimmig. Wir brauchen nicht traurig zu sein, weil unsere Lieben auf eine Reise gegangen sind und nun im Frieden bei Gott sind. Aber diese theologische Einsicht nimmt uns nicht den Schmerz des Abschieds, der mit dem Tod unseres Vaters und unserer Mutter verbunden ist. Abschied tut immer weh, auch wenn wir wissen, dass der andere in ein wunderbares Land fährt. Uns fehlt der Vater, uns fehlt die Mutter. Und diesen Schmerz können wir nicht theologisch überspringen.

Wenn wir uns den Schmerz und die Trauer zugestehen, dann sollten wir jedoch nicht dabei stehen bleiben. Und im Weiterschreiten können uns die Worte des Tertullian durchaus helfen. Wir wissen, dass unsere lieben Verstorbenen bei Gott sind. Aber auch das genügt nicht. Entscheidend ist, dass wir den Tod eines lieben Menschen als Ruf an uns verstehen und als Öffnen von Türen, die ohne den Tod nicht aufgegangen wären. Sie haben den Tod Ihres Vaters als eine Türöffnung erfahren. Es haben sich in Ihrem Leben Türen in eine Weite geöffnet, die vorher nicht möglich war. Und Sie haben den tiefsten Sinn erfahren, den Ihr Vater seinem Leben gegeben hat: für andere da sein. Sie haben nach seinem Tod auf einmal die Lebensspur entdeckt, die er mit seinem Leben hinterlassen hat. Es war eine Spur von Ehrlichkeit, von Demut, auch von Schwachheit. Aber es war eine Lebenspur der Liebe, die durch die Schwachheit hindurch geströmt ist zu den Menschen hin. Gerade weil er um seine eigene Hinfälligkeit wusste, hat Ihr Vater sich von Gott aufbrechen lassen für die Liebe, die allen Menschen galt, gerade auch denen, die an sich selbst litten.

Das ist das Ziel unserer Trauer: dass der Tod eines lieben Menschen uns Türen zu neuem Leben öffnet, dass er für uns zum Segen und fruchtbar wird. Doch diese Erfahrung machen wir nur, wenn wir die Trauer nicht überspringen, sondern durch sie hindurchgehen. Dann können wir auf einmal verstehen, was Jesus mit dem Wort meinte, das er kurz vor seinem eigenen Sterben sagte: „Amen, amen, ich sage euch: Wenn das Weizenkorn nicht in die Erde fällt und stirbt, bleibt es allein; wenn es aber stirbt, bringt es reiche Frucht." (Joh 12, 24) Es ist ein Wort, das nicht nur für uns gilt und uns einlädt, uns loszulassen und der Welt zu sterben, damit unser Leben Frucht bringt. Das Wort beschreibt auch das, was im Tod eines lieben Menschen geschieht. Als Ihr Vater starb, ist sein Weizenkorn in die Erde gefallen. Er selbst ist im Tod sofort in die einmalige und ursprüngliche Gestalt hinein gewachsen, die Gott ihm zugedacht hat. Aber sein Tod bedeutet auch, dass das Weizenkorn seines Lebens für andere aufgeht. Für Sie und Ihre Familie ist im Tod Ihres Vaters sein Weizenkorn in die Erde gefallen, um in Ihnen und all denen, die den Vater gekannt haben, Frucht zu bringen. Wenn wir den Tod so sehen, dann tut er immer noch weh. Denn manchmal spüren wir einfach den Schmerz des Abschieds. Bei mir war es so, dass ich jeden Sonntagnachmittag mit meiner Mutter telefoniert habe. Nach ihrem Tod wollte ich manchmal ans Telefon gehen, um anzurufen. Da wurde mir schmerzlich bewusst: Ich werde sie nie wieder anrufen. Der wöchentliche Anruf fehlte. Ihnen ist es aufgegangen, als Sie die Karten an Ihre Freunde geschrieben haben. Diesmal konnten Sie dem Vater keine Freude machen durch die Karte, die Sie ihm schicken wollten. In solchen Augenblicken spüren wir den Schmerz. Der Schmerz darf sein. Aber wir wühlen nicht mehr im Schmerz. Wir nehmen den Schmerz als Erinnerung, dass der Vater nun eine andere Aufgabe für uns hat. Wir brauchen ihm keine Freude mehr zu machen. Er ist voller Freude. Aber wir haben seine Lebensspur erkannt. Der Schmerz über den Verlust des Vaters will uns an seine Lebensspur erinnern und uns einladen, unsere Lebensspur als Antwort auf seine in diese Welt einzugraben. Indem Sie anderen eine Karte schreiben, setzen Sie die Spur fort, die Ihr Vater in diese Welt gegraben hat: für andere da zu sein, an andere zu denken, die auf ein Zeichen der Verbundenheit und der Freundschaft und Liebe warten und sich darüber freuen. Wenn der Schmerz der Trauer, der Schmerz über die Leere und den Mangel über uns kommt, will er uns immer wieder erinnern, dass der Vater uns zum Leben rufen will, dass er uns herausfordert, unsere Spur in diese Welt einzugraben. Sie muss nicht die Spur des Vaters kopieren. Aber sie soll eine würdige Antwort auf die Lebensspur sein, die er in diese Welt eingegraben hat, solange er noch lebte, und die nun nach seinem Tod erst so richtig klar und deutlich für alle geworden ist.

BRIEF 31
LEO FIJEN

Wenn der Weg sich totläuft, beten die Menschen

Lieber Pater Anselm,

Radfahrer wissen es schon: Der Weg durch das Pesiotal verspricht in dieser bezaubernden Gegend der italienischen Alpen alles Erdenkliche, er lässt einen durch weite Panoramen vermuten, dass vorläufig kein Ende kommt, aber er endet schon bald im Nichts. Die meisten Radfahrer steigen dann auch vor dem letzten Restaurant ab, um ein Erfrischungsgetränk zu kaufen und sich kurz in der Sonne auszuruhen, bevor die Abfahrt beginnt. Der Weg läuft sich hier tot, aber auf eine faszinierende Art. Er endet und muss vor den bizarren Formen der Wälder, Wasserfälle und Felsformationen kapitulieren. Die meisten Autofahrer wollen den Schildern nicht glauben, die über das Ende des Weges informieren, sie fahren weiter, bis sie wirklich nicht mehr weiter können und wenden müssen. Alles endet hier in der Einsamkeit und Stille der Natur. Hier liegt Certosa di Pesio, eines der ältesten Kartäuserklöster der Welt, ein einzigartiger Ort, um Gott zu suchen. Wo der Weg sich totläuft, beten Menschen. Ich durfte das schon einmal im Mutterhaus der Kartäuser in den Bergen um Grenoble erleben. Auch dort endet der Weg, genau dort hat Bruno von Köln 1084 den strengsten Klosterorden der Welt gegründet, den der Kartäuser. Die Kartäuser leben 18 Stunden des Tages in Stille und Einsamkeit. Hier in Italien auf der anderen Seite der Alpen, ist es nicht anders. Der Weg verschwindet im Nichts und gerade dort haben Mönche seit 1173 gebetet. Es sind heute keine Mönche mehr da, die das tun, denn seit der

Beschlagnahmung des Klosters durch Napoleon sind sie von diesem herrlichen Ort verschwunden. Aber auch im 21. Jahrhundert wird hier immer noch gebetet. Rennradfahrer kommen kurz wieder zu Atem von ihrer Fahrt nach oben und beten in Stille, Autofahrern wird ihre Nichtigkeit im Schauspiel der Schöpfung bewusst, und sie verbeugen sich in der jahrhundertealten Kapelle. Ich habe es mit eigenen Augen gesehen, weil ich hier meinen Urlaub verbracht habe und an einem schönen Sonntag die Stille im Kloster genossen habe.

Wenn der Weg sich totläuft, gehen die Menschen zum Beten. So ist es in der Natur, und so ist es auch im normalen Leben.

Beten ist eine rituelle Handlung, wenn Worte in der gewöhnlichen Sprache der Menschen nicht ausreichen. Rituale brauchen wir, wenn sich der Boden unter unseren Füßen auftut. Wir suchen dann Geborgenheit und Sicherheit in kleinen und großen Gesten, in alten und neuen Traditionen. Auch die Menschen des digitalen Zeitalters kommen nicht ohne von der Tradition vorgegebene Bräuche aus. Beten ist ein gutes Beispiel dafür, aber es gibt noch mehr. Ich muss da an den Mittag und Abend vor der Beerdigung meines Vaters denken.

Ich war ganz allein mit meinem Vater. Er lag in seinem Haus aufgebahrt, an derselben Stelle, an der meine Mutter gelegen hatte. Das war an einem Mittwoch, das weiß ich noch genau. Und ich wollte diesen Augenblick nicht einfach vorbeigehen lassen. Ich kam auf eine alte Gewohnheit meines Vaters zurück. Mittwochs hatte der Fischhändler immer in der Nähe seinen Verkaufsstand aufgebaut. Mein Vater war einer seiner treuesten Kunden. Ich bin zum Fischstand gelaufen und habe dem Chef erzählt, dass mein Vater nie mehr kommen würde. Danach habe ich mich bei ihm bedankt, zwei Schollen gekauft und den Fisch neben dem Sarg meines Vaters gegessen. So habe ich die letzten Stunden alleine mit meinem Vater verbracht, ich habe das auf eine Art getan, die seinen Gewohnheiten entsprach.

Im Laufe des Abends kam auch mein Bruder ins elterliche Haus. Wir haben den Fernseher eingeschaltet und getan, was mein Vater sehr gerne gemacht hatte: Fußball schauen. Danach haben wir die

Zeit zurückgedreht: In der letzten Nacht vor der Beerdigung haben mein Bruder und ich im Bett meiner Eltern geschlafen.

Mein Vater war seit Beginn seiner Krankheit keine Nacht alleine im Haus, auch nicht, als er aufgebahrt lag. Die Nacht nach jenem Mittwoch ist mir in Erinnerung geblieben. Ich lag zusammen mit meinem Bruder in seinem Bett. Er lag auf dem Platz meiner Mutter, ich auf dem meines Vaters.

Ich wurde am nächsten Morgen eher als mein Bruder wach und nutzte den Vorsprung, um als Erster zu duschen und dann nach unten zu gehen. An der Bahre meines Vaters habe ich zum letzten Male in seinem Haus den Rosenkranz gebetet. Das hatte ich ihm an seinem Sterbebett versprochen: Wenn er es nicht mehr konnte, würde ich es für ihn tun. Wenn der Weg sich totläuft, gehen die Menschen zum Beten.

Nicht nur in der Stille und Einsamkeit der Natur, wie es die Kartäuser tun, sondern auch in der Einsamkeit des Todes. Ich habe in den Tagen, in denen mein Vater gestorben ist, gelernt, dass es eine Wohltat ist, mit einer sicheren Regelmäßigkeit zu beten und dann die Gebete auch zu wiederholen. Früher habe ich das immer als Messdiener in den Maiandachten und den Andachten im Oktober gemacht. Danach habe ich das niemals mehr in dieser Häufigkeit getan. Aber in den Wochen mit meinem Vater habe ich gelernt, dass regelmäßiges Beten eine heilsame Wirkung hat. Ich weiß jetzt, dass sich in meinem Herzen durch das Beten Türen auftun. Wie Bäume, die sich mit dem Wind bewegen, bewegt sich auch mein Herz, wenn ich mit gewisser Wiederholung bete. Gebete durchwehen mein Herz und sorgen so für Raum, Ruhe und Freiheit. Ich denke nicht mehr, habe vor nichts mehr Angst, alles geht von selbst, alles bricht auf. Selbst die schwierigsten Barrieren werden durch das Gebet geebnet.

Auf eindringlichste Weise geschah das vor fast zwei Jahren am Sterbebett meiner Mutter. Mein Vater und meine Mutter konnten in dieser Phase nicht gut miteinander reden, sie fanden nicht die richtigen Worte, um einander zu trösten. Sie standen einander im Weg, obwohl sie sich wirklich liebten. Fünf Tage vor ihrem Tod bat dann meine Mutter um die Kommunion. Und sie wollte, dass mein Vater das heilige Brot selbst brachte. Es war ein rührender Augenblick. Wo mein Vater nicht mit seinen eigenen Worten trösten konnte, tat er das mit den jahrhundertealten Worten des Vaterunsers und des Ave Maria. Meine Mutter war in Worten immer stärker als mein Vater. In der Stille der Kommunion und der Tradition des uralten Gebetes waren beide auf gleicher Augenhöhe. So können Rituale Menschen zueinander bringen, so kamen mein Vater und meine Mutter in den schwierigsten Momenten ihres Lebens einander nahe.

BRIEF 31

ANSELM GRÜN

Rituale müssen nicht immer fromm sein

Lieber Leo,

es ist ein schönes Bild: „Wenn der Weg sich totläuft, gehen die Menschen zum Beten." Wenn wir auf dem Weg nicht weitergehen können, müssen wir einen anderen Weg betreten: den Weg des Gebetes. Die Radfahrer und Autofahrer, die in Certosa di Pesio das Ende des Weges erlebten, gingen in die alte Kirche des Kartäuserklosters. Was sie da gebetet haben, wissen wir nicht. Aber allein das stille Hineingehen in die Kirche war für sie schon Beten. Sie haben dort gespürt, dass es noch etwas anderes gibt, als immer weiter zu fahren. Gebet ist der Ort, auszuruhen auf unserem Weg. Wir halten inne. Wir werden still. Stille kommt ja von „stehen bleiben". Wir bleiben stehen, um offen zu sein für das, was die Stille uns sagt. Die Stille öffnet uns mitten auf unserem Weg einen Raum, der anders ist als die uns bekannten Räume unseres Lebens. Es ist der Raum Gottes, in den wir im Gebet eintreten. Und in diesem Raum spüren wir auf einmal, dass da die Sorgen und Ängste keinen Zutritt haben. An diesem Ort Gottes sind wir geborgen. Und wir sind frei vom Lärm der Welt, von den Erwartungen und Ansprüchen der Menschen und von unseren eigenen Gedanken, die sonst ständig in uns lärmen, von den Gedanken, ob wir gut genug sind, ob alles richtig ist, was wir tun, und was die anderen wohl von uns oder über uns denken. Gebet öffnet uns dann, wenn der Weg nicht weitergeht, einen Raum, in dem wir ausruhen dürfen. Es öffnet uns das Haus, in dem wir wahrhaft zu Hause sein können, weil Gott selbst dort wohnt. Und wo Gott, das Geheimnis wohnt, können wir daheim sein.

Wir verbinden das Gebet oft mit Ritualen. Wir gehen in die Kirche. Wir nehmen Weihwasser. Wir verbeugen uns oder machen eine Kniebeuge. Und wir setzen uns in die Bank. Viele, die keine Worte im Gebet finden, vollziehen doch die alten Rituale. Und indem sie das tun, geschieht etwas mit ihnen. Sie kommen in Berührung mit ihren spirituellen Wurzeln. Sie erfahren etwas von der Geborgenheit und Heimat, die ihnen diese Rituale in der Kindheit geschenkt haben. Sie tauchen auf einmal wieder ein in den Glauben, den sie als Kind hatten. Damals wussten sie noch, dass es etwas gibt, das größer ist als sie, dass sie im Gebet eintauchen konnten in eine Geborgenheit, die noch tiefer war als die Geborgenheit, die die Eltern ihnen schenken konnten. Heute leiden viele Menschen an Depressionen, weil sie keine Wurzeln mehr haben. Die Depression ist oft ein Hilfeschrei der Seele gegen den Verlust der Wurzeln, gegen den Verlust der inneren Heimat. So will sie uns einladen, nach unseren Wurzeln zu suchen. Indem wir Rituale vollziehen, die vor uns unsere Eltern und Großeltern und Urgroßeltern geübt haben, haben wir teil an ihrem Glauben, an ihrer Lebenskraft, an ihrer Weise, die Schwierigkeiten und Wechselfälle des Lebens zu meistern.

Rituale müssen nicht immer fromm sein. Sie haben beim Tod Ihres Vaters beides erlebt: zum einen das Ritual, wie der Vater immer wieder zu beten. Gerade die einfache und wiederholende Gebetsweise des Rosenkranzes hat Ihnen innere Ruhe geschenkt und das Gefühl, dass Sie sich mit Ihrem Vater verbunden wussten. Sie haben nach dem Tod Ihres Vaters von selbst wieder zu dieser Art des Gebetes gefunden. Es hat Ihnen Halt gegeben in der Haltlosigkeit der Trauer. Aber Sie haben beim Tod Ihres Vaters auch ein ganz weltliches Ritual aufgegriffen. Sie waren am Tag vor der Beerdigung im Haus, in dem Ihr Vater aufgebahrt lag. Da es ein Mittwoch war, haben Sie wie der Vater beim Fischhändler Fisch gekauft und ihn gegessen. Indem Sie taten, was der Vater tat, traten Sie in seine

Fußstapfen und in seine Erfahrung. Sie taten das nicht nur äußerlich, sondern bewusst im Denken an den Vater. Indem Sie den Fisch gegessen haben, haben Sie an den Vater gedacht und geahnt, was es für ihn bedeutet hat, regelmäßig am Mittwoch dieses Ritual des Fischessens zu zelebrieren. Rituale gestalten das Leben und geben ihm eine Form. Sie sind Ausdruck, dass wir unser Leben wertschätzen, dass unser Leben ein Fest ist. Und weil es ein Fest ist, leben wir nicht einfach so dahin, sondern feiern unsere ganz persönlichen Rituale. So haben Sie beim Fischessen etwas vom Geheimnis des Vaters und seiner Lebensbewältigung erfahren.

Und noch etwas zeigen uns Rituale: Sie drücken Gefühle aus, die wir sonst nie ausdrücken würden. Und sie zeigen uns eine innere Verbindung, die Worte oft nicht zustande bringen. Das haben Ihre Eltern beim Sterben Ihrer Mutter erfahren. Am Sterbebett fanden Vater und Mutter nicht die richtigen Worte, um sich auszutauschen. Das Sterben war etwas so Neues und Fremdes, dass die Worte fehlten, um sich darüber zu unterhalten. Doch als die Mutter Ihren Vater bat, ihr die hl. Kommunion zu bringen, entstand auf einmal eine Nähe und Dichte, die durch keine Worte geschaffen werden kann. Es war nicht nur das Ritual, das die beiden im Innersten verband. Es war auch der Inhalt des Rituals. Der Vater reichte der Mutter den Leib Christi, der für uns gestorben und auferstanden ist. Die beiden wurden eins in Jesus Christus, der uns miteinander auf einer tieferen Ebene verbindet, als es Worte und Gefühle vermögen. Und in diesem Augenblick wurde die Grenze zwischen Leben und Sterben, zwischen Tod und Auferstehung, zwischen Himmel und Erde aufgehoben. Die Mutter, die den Leib Christi in sich aufnahm, hatte sterbend schon Anteil an dem, der auferstanden ist. So konnte der Vater in der Stille dieses Rituals das Geheimnis ihres Lebens und Sterbens verstehen. Und sie konnten miteinander das Vaterunser und das Ave Maria beten. Und im Sprechen der gleichen Worte, die sie seit ihrer Kindheit gebetet hatten, wurden sie miteinander eins in ihrer Sehnsucht, in ihrem Glauben und in ihrer Hoffnung auf das Reich Gottes, das im Tod eines Menschen erfahrbar wird, wenn es nicht mehr um uns und unser Herrschen geht, sondern wenn Gott in uns und über uns herrscht und wir in ihm zu dem werden, als der er uns gedacht hat.

BRIEF 32

LEO FIJEN

Ich bin dein Sohn, du bist mein Vater

Lieber Pater Anselm,

es ist Sonntagmorgen und es verspricht ein herrlicher Sommertag an der Schwelle des Herbstes zu werden. Die Sonne durchdringt den Morgentau, der Nebel zieht sich langsam zurück. Ich bin in meiner Dachstube und habe das Gefühl, dass sich auch der Nebel in meinem Leben langsam verzieht. Ich fühle mich glücklich. Und das hat alles mit meiner Rolle als Vater zu tun. Ich weiß noch ganz genau, dass Sie nach dem Tod meines Vaters geschrieben haben, dass *ich* jetzt Vater werden muss. Ich erzählte Ihnen von meiner Vaterrolle als Patenonkel von Jakob, die ich als eine große Gnade erfahren habe. Aber da ist auch mein tatsächliches Vatersein. Sie konnten nicht ahnen, wie prophetisch Ihre Worte waren. Ich musste in den letzten Monaten als Vater buchstäblich neu anfangen. Das hatte mit meinem Sohn zu tun. Auf seiner Weltreise hatte er Ruhe und Stille gesucht, um über sein Leben nachzudenken. Und dabei dachte er auch über meine Rolle als Vater nach. Er hat mir gesagt, dass er schon am Tag seiner Abreise Abstand nehmen wollte, um besser erkennen zu können, wer er sei und wer ich bin. Gegen Ende seiner Reise schrieb er mir einen langen Brief mit sehr vielen Fragen. Warum ich für meine Arbeit so oft abwesend war, in welchem Maße ich mich als Vater fühlte, was ich unternommen hätte, um ihm näher zu sein und wie es kam, dass ich nicht immer ehrlich zu ihm war? Diese Fragen stellte er mir sehr eindringlich. Aber er tat das aus einer großen Verbundenheit heraus und mit viel Liebe zu mir, wie er schrieb. Ich erschrak erst gewaltig über diesen

Brief und wusste nicht, ob ich über die Rückkehr meines Sohnes froh sein sollte, aber ich nahm mir Zeit, ließ meine Gefühle sich austoben und schrieb ihm einen sehr offenen Brief zurück. Ich teilte ihm mit, dass es mir leid tat, ließ ihn spüren, dass ich über meine Vaterrolle in Verwirrung geraten war, und bat ihn um eine neue Chance. Und ich legte ihm vor allem ans Herz, dass ich ihn sehr liebe und schätze. Ich hatte Angst, dass ich dabei war, ihn zu verlieren, dass er mir abhanden kommen würde. Er war froh über meine Antwort und reagierte sofort. Wir sollten uns schnell aussprechen, schlug er vor. Das haben wir letzte Woche getan, so, wie wir das noch nie in unserem Leben getan hatten. Vater und Sohn zusammen an einem Tisch, über das Leben des jeweils anderen redend. Mitten im Sommer war er wohlbehalten von seiner Weltreise zurückgekehrt. Das haben wir gefeiert, ich war wirklich froh. Aber erst nach dem gemeinsamen Essen der letzten Woche habe ich das Gefühl, dass er richtig zu Hause ist. Wir haben einander unser Herz ausgeschüttet und tiefe Liebe füreinander empfunden. Am tiefsten berührt war ich am Ende der Mahlzeit, als mein Sohn mir erzählte, was sein Geburtstagsgeschenk für mich bedeutete. Er hatte mir einen dunklen Stein mit goldenen Sprenkeln geschenkt. Der Stein war für ihn Symbol unserer tiefen Verbundenheit, für alles, was wir miteinander teilen. Ich fragte ihn, was es denn sei, was wir teilen. Er antwortete: „Ich bin dein Sohn, du bist mein Vater." Das war der schönste Satz, den er je ausgesprochen hatte. Er gab und gibt mir die Chance, aufs Neue Vater zu werden. Darum bin ich an diesem sommerlichen Herbsttag glücklich.

BRIEF 32

ANSELM GRÜN

Wir sind nie ein für alle Mal Vater

Lieber Leo,

es freut mich, dass die Weltreise Ihres Sohnes auch die Beziehung zu ihm intensiviert hat. Manchmal muss der Sohn weit vom Vater weggehen, um zu erkennen, was der Vater ihm bedeutet. Ihr Sohn hat in seinem Brief nicht nur geschrieben, was Sie ihm bedeuten, sondern auch, wie er sich den Vater wünscht. In jedem von uns ist eine Sehnsucht nach dem Vater, die kein irdischer Vater je ganz zu erfüllen vermag. Ihr Sohn hat in der Ferne eine tiefe Verbundenheit gespürt. Aber zugleich ist ihm aufgegangen, was an der Beziehung zwischen Vater und Sohn noch fehlt. Und er hat seinen Wunsch nach mehr Nähe und ehrlicher Offenheit zum Ausdruck gebracht. Es hat ihm gut getan, dass Sie auf diese Wünsche nicht mit Selbstrechtfertigung reagiert haben, sondern mit Dankbarkeit dafür, dass Ihr Sohn an Ihnen interessiert ist. Und Sie haben ihm ihre Verwirrung und Unsicherheit bezüglich der eigenen Vaterrolle eingestanden. Das hat nach seiner Rückkehr das offene Gespräch beim gemeinsamen Essen ermöglicht.

Dieses Gespräch war eine Frucht der Unterhaltungen, die Sie mit Ihrem Vater vor seinem Tod hatten. Weil Sie Ihren Vater neu verstanden haben, haben Sie auch Ihre eigene Vaterschaft neu entdeckt. Ihr Vater hat ebenfalls seine Begrenztheit und Verwundbarkeit eingestanden. Er hat sich vor seinem Tod nicht als der perfekte Vater dargestellt, sondern als einer, der sich sein Leben lang bemüht hat, Vater zu sein. So sind wir nie ein für alle Mal Vater. Wir müssen es immer wieder werden. Der Vater drängt sich nicht auf. Aber er ist da, wenn der Sohn ihn braucht. Er bietet sich ihm an, damit der Sohn sich an ihn anlehnen kann. Und der Vater stärkt dem Sohn den Rücken. Er traut ihm etwas zu. Sie haben Ihrem Sohn zugetraut, dass er die Weltreise macht. Nach dem Tod Ihres Vaters hätten Sie Ihren Sohn gerne in Ihrer Nähe gehabt. Aber Sie haben ihn freigelassen. Dieser Freiraum hat eine neue Nähe zwischen Ihnen geschaffen.

Ihr Sohn wünscht sich mehr Nähe und mehr Ehrlichkeit. Das ist immer eine Gratwanderung für den Vater. Er soll dem Sohn nahe sein, wenn er ihn braucht. Aber er muss auch bereit sein, ihn gehen zu lassen, ihn nicht festzuhalten. Das Weggehen schafft Distanz. Aber in der Distanz kann auch wieder die Sehnsucht nach Nähe wachsen. Für den Vater braucht es innere Freiheit, sowohl Nähe als auch Distanz zuzulassen: eine Nähe, die nicht festklammert, und eine Distanz, die nicht Interesselosigkeit bedeutet; eine Nähe, die Freiraum lässt, und eine Distanz, die Verbundenheit vermittelt. Ehrlichkeit meint, dass Ihr Sohn von Ihnen kritisiert werden möchte, dass er wissen möchte, wie Sie denken und fühlen, wenn er sich so oder so verhält. Auch das ist eine Gratwanderung. Denn bei aller Ehrlichkeit in Bezug auf das, was Sie bei seinem Verhalten und bei seiner Art zu leben empfinden, sollen Sie ihn ja nicht bewerten, sondern ihm seinen Weg lassen. Es ist also eine Kunst, in rechter Weise Vater zu sein. Es gibt nicht den perfekten Vater. Entscheidend ist, dass der Sohn das Bemühen des Vaters spürt, zwischen den Polen von Nähe und Distanz, von Ehrlichkeit und Nicht-Bewerten seinen Weg und sein Maß zu finden.

Das Gespräch mit Ihrem Sohn war gleichsam ein Endpunkt Ihres Trauerprozesses. Das heißt nicht, dass die Trauer nicht wieder einmal hochkommen wird. Aber Sie haben in diesem Gespräch erkannt, dass das Ziel der Trauer darin besteht, das, was Ihr Vater für Sie bedeutet, in das eigene Leben zu integrieren. Es geht nicht nur um den Abschied von Ihrem Vater, sondern auch um die Verwirklichung dessen, was Sie von ihm an tragfähigen Wurzeln und an väterlicher Qualität mitbekommen haben. Das Ziel des Abschieds ist, selbst ganz und gar Vater zu werden. Sie waren vorher schon Vater. Aber der Tod Ihres eigenen Vaters hat Ihr Vatersein gefüllt und bereichert mit der Vaterschaft, die Ihnen Ihr Vater vorgelebt hat. So wünsche ich Ihnen, dass Sie durch die Trauer hindurch immer mehr die neuen Möglichkeiten entdecken, die in Ihrer Seele liegen. Und eines der wichtigsten Potenziale, die Sie durch die Trauer in sich neu gefunden haben, ist das Vatersein.

BRIEF 33
LEO FIJEN

Ich erhalte wieder ein Kreuz, diesmal mit seinem Namen

Lieber Pater Anselm,

Allerheiligen und Allerseelen – zwei Tage des Kirchenjahres, die mir seit Langem besonders lieb sind. Alle Menschen die uns heilig sind, stehen wieder im Zentrum unserer Anteilnahme. Das sind natürlich die großen, aber auch unsere eigenen kleinen Heiligen. Wir glauben, dass diese Heiligen fortleben, bei Gott sind. Ich finde es schön, an diesen Tagen in der Kirche zu sitzen. Das hat auch etwas mit der Jahreszeit zu tun. Die Blätter fallen von den Bäumen, die letzte Ernte wird vom Land geholt, die Dunkelheit gewinnt immer mehr Oberhand über das Licht, die Stürme sind heftiger als sonst. Die Natur lässt mich fühlen, dass es draußen bald kahl und leer sein wird, aber in der Kirche darf ich glauben, dass Kahlheit und Leere nicht das letzte Wort haben. Dabei helfen mir die Heiligen, es trösten mich die Seelen derer, die gestorben sind und bei Gott weiterleben. Letztes Jahr war ich an Allerseelen am Wohnort meines Vaters und saß zusammen mit ihm in der Kirche. Wir gedachten dort des Lebens meiner Mutter, die seinerzeit seit fast einem Jahr tot war, und feierten es, dieses Leben meiner Mutter. Wir hörten ihren Namen in der Kirche und bekamen ein Kreuz mit nach Hause, auf dem ihr Name stand, mit ihrem Geburts- und Todesdatum. So lebt sie weiter. Und so lebt bald auch mein Vater fort, das Kreuz Christi und damit die Ewigkeit teilend, die kein Ende kennt. Diese Gedanken zeigen mir noch einmal, wie schnell es ging: Letztes Jahr noch gemeinsam mit ihm in die Kirche für Mutter, nun wieder in die Kirche für Mutter und ihn selbst. Und wieder bekomme ich ein Kreuz mit, nun mit seinem Namen und seinem Todes- und Geburtsdatum.

Ich finde es schön, dass es solche greifbaren Erinnerungen an meine Eltern gibt. Sie versöhnen mich mit ihrem Tod. Die Namen meiner Mutter und meines Vaters leben weiter. Sie stehen auf einem Kreuz, das uns Kindern gehört und abwechselnd bei einem von uns aufbewahrt wird. Unsere Eltern sind dadurch nicht tot, sondern bleiben anwesend. Ich las neulich, dass wir die Toten gehen lassen müssen, um selbst wieder leben zu können. Wir müssen sie loslassen, sie wirklich tot sein lassen, so stand da. Lass sie die Fotos auf dem Tisch werden, lass sie den Namen auf der Jahresabrechnung des Sparfonds werden, lass sie tot sein, las ich. Das ist nicht meine Art, nach dem Tod meiner Eltern weiterzuleben – nicht in den Monaten danach, aber auch nicht in den Jahren, die noch kommen. Auf diese Weise kann ich mich nicht mit ihrem Tod versöhnen.

Ich will, dass meine Eltern auf einem Kreuz weiterleben, in Erinnerungen, in meinen Nächsten, in meiner Familie und bei Gott. Weil es ein Kreuz gibt, weil wir so viele Erinnerungen teilen, weil wir einander als Brüder und Schwestern noch sehen, leben unsere Eltern noch ganz in meinem Herzen. Ich will nicht, dass mein Vater und meine Mutter zum Foto auf dem Tisch werden, ich will, dass sie in meinem Herzen wieder lebendig werden. Und das Schöne ist, dass die Erinnerungen an ihr Leiden und ihr Krankenbett langsam verblassen und an ihre Stelle neue Bilder treten. Das Andenken wird mehr als Schmerz und Sterben, die Erinnerung hat wieder Raum für die Güte und Schönheit ihres Lebens. Beides trage ich für immer in mir.

Meine Mutter war bei uns zu Hause eigentlich der Chef. Sie war keine einfache Frau, sie hat sich nie mit der Tatsache versöhnen können, dass sie mit 17 von der Schule abgehen, ihre kranke Mutter versorgen und den Haushalt auf dem Bauernhof organisieren musste. Sie hat damit ihr ganzes Leben lang gerungen und war zugleich von dem starken Willen getragen, ihren eigenen Kindern mehr Möglichkeiten zu eröffnen. Ohne meine Mutter hätte ich nicht aufs Gymnasium gehen und das Geschichtsstudium abschließen können. Sie gab mir Anstöße in meiner Jugend, sie war mein Atem und meine Geisteskraft, so wie sie später die Einzige war, die mich zur Ordnung rufen konnte. Ihre Telefonanrufe waren in der Familie gefürchtet, auch bei mir. Und das Verrückte ist, dass ich diese Anrufe vermisse. Meine Mutter konnte mir die Wahrheit sagen, ohne mich fallenzulassen. Das tat sie nie. Aber selber fiel sie, immer öfter. Sie litt an Rheuma, an Gefäßverengung, an stetem körperlichen Verfall. Das war nicht einfach für sie, aber ich habe an ihr bewundert, dass sie immer wieder die Geduld aufbrachte, sich in ihrem kranken Zustand zu gedulden und auf neue Chancen zu hoffen. Ich trage diese Geduld meiner Mutter in mir, ebenso wie den Drang, in diesem Leben etwas zu erreichen. Meine Mutter besaß Geltungsdrang und Tatkraft, sie hatte eine Botschaft für andere. Auch das trage ich in mir.

Mein Vater war ganz anders, ein lieber, sanfter Mann, der nicht Nein sagen konnte. Ich erinnere mich an meinen Vater als einen Menschen, der sich in einem gewissen Sinn immer seine ursprüngliche Naivität bewahrt hat. „Wie ist denn das möglich", sagte er oft. Er lebte mit der Verwunderung eines Kindes. Darum besaß er die Spannkraft, jeden Tag aufs Neue mit einem frohen Gemüt zu beginnen. Er konnte unter Enttäuschungen und Fehlschläge einen Strich ziehen und verstand sich auf die Kunst, neue Chancen zu sehen. So wie er lebte, glaubte er auch: mit der Verwunderung eines Kindes. Er glaubte wirklich, dass sein Leben von Gott geleitet wurde und lebte diese Hingabe auch vor. Er sprach nicht viel über seinen Glauben, er betete lieber, in Stille. Die mir liebste Erinnerung ist die an Weihnachten vor drei Jahren. Zum letzten Mal waren wir mit der ganzen Familie zusammen, Vater und Mutter, Kinder und Enkel. Mein Vater saß am Kopfende des Tisches, meine Mutter daneben. Da habe ich meinen Vater darum gebeten, wie früher vorzubeten. Er tat das gerne. Er betete das Vaterunser und das Ave Maria. Und alle beteten mit, außer meiner Mutter. Sie musste weinen. Vielleicht wusste sie tief im Innersten, dass es das letzte gemeinsame Weihnachten war. Trotz der Tränen meiner Mutter bewahre ich diese Bilder gerne in mir. So wie es damals an diesem Weihnachtsfest am Esstisch war, ist das Leben gemeint: zusammen als *eine* Familie, mit einem Vater als Vorbeter.

BRIEF 33
ANSELM GRÜN

Allerheiligen öffnet den Himmel

Lieber Leo,

die Feste Allerheiligen und Allerseelen sind mir liebe Feste geworden. An Allerheiligen muss ich immer daran denken, was uns unser Novizenmeister zur Einführung dieses Festes erzählt hat. 1940 stand er als Soldat in Frankreich im Feld. Rund um ihn herum war Kriegslärm. Da erinnerte er sich, dass um diese Zeit seine Mitbrüder in der Abtei die erste Vesper zum Fest Allerheiligen sangen. Dort lautet die erste Antiphon: „Vidi turbam magnam – Ich sah eine große Schar, die niemand zählen konnte." Seither muss ich bei dieser Antiphon an meinen Novizenmeister, P. Augustin, denken, und an alle Verstorbenen, die ich gekannt habe und die mir nahe gewesen sind. Allerheiligen öffnet den Himmel. Und bei der Liturgie spüre ich die Gemeinschaft mit allen, die mir im Glauben vorangegangen sind und die jetzt im Himmel das ewige Mahl feiern.

Am Abend des Allerheiligentages singen wir die Komplet auf dem Friedhof. Die Gräber unserer Mitbrüder sind mit Fackeln beleuchtet. Und jeder Mitbruder bekommt eine Kerze. Der Abt führt die Feier ein und erinnert an all die Mitbrüder, die auf dem Friedhof ruhen. Ihnen verdankt die Abtei das, was sie jetzt ist. Und die Verstorbenen erinnern uns an unseren eigenen Auftrag, in unserer Zeit als Mönche so zu leben, dass wir den suchenden Menschen auf ihre Fragen mit unserem Leben eine glaubwürdige Antwort geben können. Dann singen wir die Kompletpsalmen, die die verstorbenen Mitbrüder früher gesungen haben, mit denen sie jeden Abend beschlossen haben. Wir singen die Psalmen mit ihnen. Sie singen sie jetzt als Schauende. Wenn ich beim Singen an die Verstorbenen denke, dann klingen die Verse für mich ganz neu: „Du legst mir größere Freude ins Herz, als andere haben bei Korn und Wein in Fülle. In Frieden leg' ich mich nieder und schlafe ein; denn du allein, Herr, lässt mich sorglos ruhen." (Ps 4, 8f) Die Worte, die wir singen, verbinden Himmel und Erde.

Sie haben Recht, dass Sie sich nicht einreden lassen, wir müssten die Verstorbenen völlig loslassen und vergessen. Wir müssen Abschied nehmen und ihren Tod ernst nehmen. Sie sind gestorben. Wir können nicht mehr so mit ihnen sprechen wie früher einmal. Wir können sie nicht festhalten. Aber wir dürfen uns an sie erinnern. Und wir sollen durch die Erinnerung das, was sie gelebt haben, nach innen, in unser Herz bringen. Wir sollen das, was sie uns vorgelebt haben, in unser Leben integrieren. Das bereichert unser Leben. Je mehr wir das, was die Eltern uns bedeuten und was wir als ihr Wesen erkannt haben, in unser Leben integrieren, desto weniger schmerzlich wird die Trauer. Die Erinnerung wandelt sich in dankbares Andenken an all das, was wir den Eltern verdanken und woraus wir jetzt leben. Dann bleiben die Verstorbenen anwesend in unserem Leben. Aber sie lassen uns zugleich frei. Ihr Andenken ist nicht bedrückend, so dass es uns am Leben hindert. Das gibt es natürlich auch: dass Menschen so an ihre Eltern denken, dass sie sich nicht trauen, das eigene Leben zu leben. Aber das ist nicht die christliche Trauer. Es ist ein ängstliches Festklammern. Christliche Trauer beinhaltet beides: das Loslassen und die Dankbarkeit über die Verstorbenen als innere Begleiter auf unserem Weg, die Dankbarkeit für das, was uns die Verstorbenen geschenkt haben. Indem wir uns an die Verstorbenen erinnern, entdecken wir in uns neue Möglichkeiten. Sie haben in der Erinnerung an Ihre Mutter ihre Geduld in sich selbst entdeckt. Indem Sie an die Geduld der Mutter denken, wächst in Ihnen die Geduld. Und Sie bekommen mehr Vertrauen in Ihre eigene schriftstellerische Begabung. Sie müssen die

Mutter nicht kopieren. Das Bild der Mutter hängt nicht bedrohlich über Ihnen, sondern es ermöglicht Ihnen eigene Kreativität.

Die Erinnerung an den Vater bringt Sie in Berührung mit dem Beter in sich selbst. Die Erfahrung am Sterbebett Ihres Vaters hat Ihnen neuen Mut gemacht, zu dem Beter in sich zu stehen und wieder zu wagen, vor anderen und mit anderen zu beten, sogar den von vielen gering geschätzten Rosenkranz wieder zu beten und beim Beten die Erfahrung von Geborgenheit, Kraft und Zuversicht zu machen. Und wenn Sie sich an den Vater erinnern, der zeit seines Lebens das innere Kind zugelassen hat, dann kommen Sie mit dem Kind in sich in Berührung. Und Sie trauen sich, die eigenen Gefühle zuzulassen, ohne Angst, dass nüchterne Kollegen Sie belächeln könnten. Das ist das Ziel aller Trauer: das, was die Eltern gelebt haben, auf unsere ganz persönliche Weise zu leben. Ohne Wurzeln leben wir nicht. Ohne Wurzeln wird das Leben schnell absterben. Wenn wir aus den Wurzeln der Eltern leben, dann blüht unser Baum empor. In seinen Ästen werden die Vögel ihre Nester bauen und ihre Lieder singen – wie es uns die Bibel verheißt (Mt 13, 31f). Und viele werden sich an unseren Baum anlehnen, um dort Geborgenheit und Schutz zu erfahren. Es ist unser Baum, der da aufblüht. Er gleicht nicht dem Baum der Eltern. Aber er gründet auch in ihren Wurzeln. Das macht ihn fruchtbar und lässt ihn zum Segen werden für viele.

BRIEF 34

LEO FIJEN

Im schlimmsten Schmerz erleben wir die größte Nähe

Lieber Pater Anselm,

in den letzten Monaten des Jahres wird unser Haus umgebaut. Der Schuppen ist bereits abgerissen und wird auf der anderen Seite des Gartens etwas kleiner wieder aufgebaut, um mehr Platz in unserem Garten zu schaffen. Der Schuppen wird umgesetzt, weil unser Haus um mehr als zwei Meter vergrößert wird. Das bedeutet, dass die ganze Rückseite unseres Hauses offen liegt. Eigentlich ist alles offen und bloß: der Garten, die Küche und das Wohnzimmer. Wir hoffen, dass wir Weihnachten aus dem Gröbsten heraus sind. Vorläufig jedoch sitzen wir mitten im Chaos und fühlen uns ein wenig nackt und verletzlich.

So wie unser Haus nun aussieht, habe ich mich im vergangenen Jahr oft gefühlt. Die Sicherheit und Geborgenheit waren verschwunden, die alltägliche Selbstverständlichkeit war mir völlig abhanden gekommen. Ich las in einem Buch über das Trauern, dass Menschen, die einen Nahestehenden verloren haben, eine bestimmte Sicht auf sich haben. Es ist der Blick von jemandem, der vom Augenarzt kommt und mit erweiterten Pupillen ins Tageslicht hineinläuft. Ich erkenne mich in diesem Bild wieder.

Die schützende Hülle hat sich gelöst, die Sicherheiten meines Lebens haben ausgedient, ich habe mich in den letzten Monaten mehr als einmal entblößt und wehrlos gefühlt. Und ich war dadurch auch empfänglicher für Kritik, Spannungen und negative Gedanken.

Manchmal hatte ich den Eindruck, dass man mir das ansehen konnte. Ich wollte dann einfach kurz mal nicht da sein, mich vor der bösen Welt verstecken, die sich einfach weiterdreht.

In diesen Momenten der Verletzlichkeit und Nacktheit sah ich vor mir, wie meine Mutter im Krankenhaus mit ihren Händen ins Leere griff, als ob sie ihre Nase, ihre Augen, ihre Wangen oder ihr Kinn nicht mehr finden konnte. Das Bild hat sich mir eingeprägt – die machtlose Hand, die nach dem Leben greifen wollte, das langsam entglitt. Ich musste dasselbe bei meinem Vater miterleben, in den letzten Tagen, in denen er zu Hause auf den Tod wartete. Es schien, als wenn er das Leben nicht loslassen wollte, so oft suchte er Halt, den es nicht mehr gab. Diese Bilder hatte ich offenbar gespeichert, denn sie blieben in mir. Und sie trafen mich in den abwegigsten Momenten wie ein Blitzschlag. Ich war dann für einen Moment nicht auf dieser Erde und dachte, dass jeder durch mich hindurch schauen könnte. So hoffnungslos und nackt fühlte ich mich dann.

Ich habe in den vergangenen Monaten gelernt, dass es nicht gut ist, im Selbstmitleid zu verharren. Das hilft niemandem – nicht den verstorbenen Lieben, nicht denjenigen, die mir nahestehen, nicht mir selbst. Ich weiß jetzt, dass der Schmerz der offenen Wunden in meinem Herzen auch die schönsten Erinnerungen an die Oberfläche kommen lässt. Vielleicht muss ich dieses Gefühl der Nacktheit und Blöße durchleben, um die Liebe meiner Eltern wieder zuzulassen und in mir zu tragen. Ich möchte erklären, was ich damit meine. Dazu kehre ich zurück ans Krankenbett meiner Mutter. Vor allem ihre letzten Wochen waren ein schwerer Leidensweg. Die Ärzte wussten nur noch ein Mittel gegen ihre Gefäßverengung: die Amputation beider Beine. Meine Mutter war eine starke Frau, die bis zuletzt ihren eigenen Weg ging. Sie fand, dass sie genug gelitten hatte. Sie hatte nicht mehr den Mut und die physische Kraft, um von der Amputation zu genesen und entschied sich bewusst dafür, sich nicht behandeln zu lassen. „Darf ich auch einfach sterben?“, fragte sie mehr als einmal. In diesem Niemandsland zwischen Leben und Tod versöhnte sie sich mit ihrem Ende. Das dauerte ungefähr zwei Wochen. Es wurden die wertvollsten Wochen ihres Lebens. Aber es waren auch die schmerzvollsten Wochen ihres Daseins. Sie war eine Frau mit Gespür für die Wahrung der äußeren Form und hatte während ihres ganzen Lebens die meisten Türen ihres Herzens geschlossen gehalten. In ihren letzten Wochen musste sie das nicht mehr tun. Als Kind habe ich lange darauf warten müssen, dass meine Mutter die Türen ihres Herzens öffnete. Als Brüder und Schwestern haben wir vielleicht zu lange darauf warten müssen. Gegen Ende ihres Lebens bat meine Mutter mich, ihr Gesicht zu streicheln, ihren Mund zu küssen, ihren Körper zu stützen, ihr zu helfen, gerade im Bett zu sitzen. Ich durfte sie berühren, sie küssen, sie streicheln. Unsere Gesichter suchten und berührten einander. Im schlimmsten Schmerz und den tiefsten Tiefen erlebten wir die größte Nähe. Manchmal muss ein Mensch ein Leben lang warten, um dem anderen wirklich näherzukommen. Manchmal dauert es bis wenige Tage vor dem Tod, bis jemand die Nähe mit anderen teilen kann. In ihren letzten Tagen suchten die Finger meiner Mutter immer nach einem Halt, den es nicht gab. Meine Erinnerung führt mich immer in diese Tage zurück. Sie schmerzt, aber sie fördert auch sehr Schönes zutage. Meine Mutter öffnete schließlich kurz vor ihrem Tod auch ihre letzten Türen. Sie begann, über Gott zu sprechen und glaubte wirklich, dass sie zu Gott gehen würde. Ich saß an ihrem Bett und las ihr meditative Texte vor. Sie murmelte etwas zurück oder fing einfach spontan an zu beten. Die letzte Meditation handelte vom Leben als Wallfahrt. Es war ein Text über die Rückschläge, die ihre Enttäuschungen bedeuteten, über den einsamen Weg, den auch sie oft gegangen war, über die Begegnung mit Gott, nach der sie sich sehnte. Diese Worte wählte sie für ihre Trauerkarte aus. Das alles geschah in Stunden herzzerreißender Schmerzen, die jedoch auch Momente tiefer Verbundenheit waren. Das muss auch sie so erlebt haben, denn das Letzte, was ich von ihr sah, war ihre Hand, die mir zum Abschied winkte. So lieb und zärtlich wie in den Tagen vor ihrem Tod hatte sie mir früher nie Auf Wiedersehen gesagt. Ihre winkende Hand war der beste Beweis dafür, dass sie mich sehr liebte. Manchmal sehe ich sie noch winken. Dann winke ich zurück. In solchen Momenten sind wir einander ganz nah.

BRIEF 34

ANSELM GRÜN

Wenn wir nichts mehr verbergen können, finden wir unsere Wahrheit

Lieber Leo,

herzlichen Dank für Ihren Brief. Ja, alles in diesem Jahr wird für Sie zum Symbol für Ihr Leben. Der Umbau des Hauses, der dazu führt, dass die eine Seite offen steht, ist ein Bild für Ihre innere Verletzlichkeit. Auch Ihre Seele wurde in diesem Jahr, da Ihr Vater starb, bloßgelegt. Und Sie hatten oft das Gefühl, dass alle in das Innere Ihres Lebenshauses schauen und Ihre Gefühle wahrnehmen konnten. So ein Zustand ist nicht angenehm. Aber wenn wir nichts mehr verbergen können, dann finden wir auch zu unserer Wahrheit. Weil Gott selbst schon alles Verborgene in uns kennt und uns mit all dem Verborgenen liebt, brauchen wir keine Angst mehr zu haben, dass Menschen etwas in uns sehen, was bisher verborgen war. Alles in uns darf sein, auch die Schwachheit, auch die Verletzlichkeit.

Sie haben in Ihrer Verletzlichkeit in diesem Jahr wichtige und kostbare Erfahrungen gemacht. Sie haben erfahren, dass der Schmerz über die offenen Wunden in Ihrem Herzen auch die schönsten Erinnerungen zutage fördert. Wenn wir unsere Wunden nicht verschließen, bringen sie uns in Berührung mit unserem wahren Wesen. Und dort erkennen wir, was wir bisher nicht genügend wahrgenommen haben. Sie haben durch Ihre eigene Nacktheit und Durchlässigkeit die Liebe Ihrer Eltern in einer Weise gespürt, die Sie Ihr ganzes Leben lang noch nie so empfunden haben. Sie haben in Ihren Briefen mehr vom Tod Ihres Vaters gesprochen und von der

Nähe, die Sie an seinem Sterbebett zu ihm gespürt haben. Jetzt geht Ihnen auf neue Weise auch die Liebe Ihrer Mutter auf. Das Sterben des Vaters hat Ihnen den Blick auch für das Geheimnis Ihrer Mutter geöffnet. Wir brauchen beides: die Liebe des Vaters und die Liebe der Mutter. Beide erfahren wir anders. Aber beide sind die Quelle, aus der wir schöpfen müssen, um wirklich zu leben.

Sie schreiben von Ihrer Mutter, dass sie die meiste Zeit ihres Lebens die Türen ihres inneren Hauses geschlossen hielt. Doch die letzten Wochen öffnete sie alle Tore, so dass Sie als Sohn in ihr inneres Haus eintreten konnten und die Liebe spürten, die darin verborgen war. Es ist schon seltsam, dass wir manchmal den Schmerz brauchen, um unsere geschlossenen Türen zu öffnen und um denen, die wir lieben, unsere Liebe auch zu zeigen. Sie haben in den letzten Wochen eine Zärtlichkeit mit Ihrer Mutter erlebt, die Sie sonst nicht kannten. Der Schmerz öffnet uns füreinander. Der Tod verbindet uns auf eine neue Weise. Vielleicht könnten wir die Nähe, die wir im Tod erfahren, gar nicht ein Leben lang ertragen. Vielleicht würde sie für uns zu bedrängend. Aber im Tod des geliebten Menschen dürfen wir den ganzen Reichtum seiner Liebe zu uns erleben. Und diese Liebe sollen wir in unserem Herzen bewahren. Doch unser Herz wird diese Liebe nur spüren, wenn es verwundbar bleibt. Wenn wir uns wieder verschließen, um vor den andern gut und sicher dazustehen, wird uns auch die Liebe der Mutter oder die Liebe des Vaters entschwinden. Wir brauchen das aufgebrochene Herz, um die Liebe der verstorbenen Eltern in uns zu erfahren und daraus zu leben.

Und noch etwas haben Sie erfahren: Die beiden letzten Wochen Ihrer Mutter waren die wertvollsten in ihrem ganzen Leben. Denn in diesen Wochen hat sie sich ausgesöhnt mit ihrem Ende, mit ihrer Endlichkeit und Beschränktheit. Der Weg zum Sterben ist immer ein Geheimnis. Aber er ist auch etwas Kostbares. Heute möchten viele diesen Weg künstlich abkürzen, indem sie ihrem Leben selbst ein Ende setzen. Für mich geschieht im Prozess des Sterbens etwas Geheimnisvolles. Es geschieht die Verwandlung des alten Menschen in den neuen Menschen, der in die Herrlichkeit Gottes eintritt. Es geschieht Versöhnung mit der eigenen Vergänglichkeit und Hinfälligkeit. Und gerade in dieser Versöhnung werden wir aufgebrochen für das Geheimnis der Liebe – nicht nur der Liebe zu Gott, sondern auch der Liebe zu den Menschen. In diesem Prozess des Sterbens werden alle verschlossenen Türen aufgebrochen und wir können eine Liebe erfahren, die uns im Tiefsten für immer verbindet. Von dieser Liebe dürfen wir glauben, dass sie nicht sterben wird, sondern dass sie auch den Tod überdauern wird. Sie wird uns auch nach dem Tod der Eltern auf unserem Weg begleiten.

BRIEF 35

LEO FIJEN

Das Sterben beider Eltern kann auch ein Geschenk sein

Lieber Pater Anselm,

dieses bewegte Jahr kommt an sein Ende. Ich schreibe diese Worte mit Wehmut, weil die Briefe mir geholfen haben, meine Gedanken und Gefühle zu ordnen. Und ich schreibe auch in großer Dankbarkeit an Sie als Freund, weil Sie mir Trost geschenkt haben und mir die Weisheit gegeben haben, mit dem Verlust leben zu lernen. Ich schreibe in einem Abschnitt des Jahres, der im Zeichen des Wartens steht. Wir gehen der Weihnachtszeit entgegen, der Zeit der Geburt Christi. Aber wir vergessen oft, dass wir erst warten müssen, um empfangen zu können. Wir müssen uns in den Adventswochen die Zeit zum Warten nehmen.

Wenn ich in diesem letzten Brief zurückblicke auf das vergangene Jahr, stehen die Worte von Advent und Weihnachten im Mittelpunkt: warten und empfangen, sich die Zeit nehmen, um das Licht in der Dunkelheit sehen zu können. Ich habe durch den Abschied von meinem Vater und meiner Mutter gelernt, dass Warten und Wachen dem Empfangen vorausgehen. Ich weiß jetzt, dass das Sterben beider Eltern bei allem Schmerz und Verlust auch ein Geschenk sein kann. Das will ich in diesem letzten Brief erläutern, als eine wichtige Erfahrung jenseits der Dunkelheit des Todes.

Mein Vater starb vor ein paar Monaten, eineinhalb Jahre nach dem Tod meiner Mutter. Im März gingen meine Schwester und ich zum ersten Mal mit ihm zum Facharzt für Geriatrie des örtlichen Krankenhauses, sechs Wochen später war er tot. Die letzten Tage verbrachte er zu Hause, in einem Bett vor dem Gartenfenster. Dort tat er seinen letzten Atemzug, an dem Ort, an dem er so gerne gesessen hatte und der ihm lieb war. Das Leben glitt aus ihm hinaus, so schön, so allmählich, so ruhig, so friedlich. So kann ein Mensch also sterben.

Meine Schwestern, mein Bruder und ich haben Frieden damit gefunden, dass Vater von seinem Leiden erlöst wurde und nun bei Mutter ist. Wir sind dankbar, dass ihm ein langes Krankenbett erspart blieb, aber wir vermissen ihn dennoch. Eigentlich wird dieser Verlust von Tag zu Tag größer. Und ich denke, dass dieses Gefühl von Verlust noch viel stärker wäre, wenn wir nicht einen so guten Abschied erlebt hätten. Wir haben Zeit gehabt, um Auf Wiedersehen zu sagen, um unserem Vater zu danken, um letzte Worte zu wechseln, um gemeinsam mit ihm liebe Erinnerungen wieder wachzurufen, ihm sein Lieblingsessen zu bereiten, mit ihm zu beten und auch mit ihm zu lachen. Wir haben die Zeit gehabt, sie uns aber auch genommen. Und wir haben dabei nicht auf die Ärzte im Krankenhaus gehört. Die gaben meinem Vater beim Verlassen des Krankenhauses noch mindestens zehn Monate – tatsächlich wurden es nicht mehr als ein paar Wochen.

Wir blicken zurück auf einen guten Abschied und schließen Frieden mit seinem Tod, weil wir uns die Zeit genommen haben. Wir haben nicht abgewartet, was die Ärzte als Nächstes sagen würden, sondern sind unserem Gefühl gefolgt und haben Zeit für unseren Vater freigemacht. Die Initiative ging von meiner jüngsten Schwester aus, die Anfang März die Alarmglocken läutete. Sie schaute täglich kurz bei meinem Vater vorbei und sah, dass es ihm nach seinem 82. Geburtstag immer schlechter ging. Sie rief mich an und holte mich buchstäblich von meiner Arbeit weg. Ich wurde von ihr dazu aufgefordert, Vater viel mehr Aufmerksamkeit zu schenken. Zusammen überzeugten wir den Hausarzt und vereinbarten danach einen Termin mit dem Facharzt für Geriatrie.

In dieser Zeit empfing ich die ersten Geschenke von meinem Vater, während er selbst den ersten Schritt nach der Diagnose seiner tödlichen Krankheit machte. Das Aufnahmegespräch im Krankenhaus werde ich nie vergessen. Mein Vater erzählte da zum ersten Mal, dass er lieber nicht im Stukkateurbetrieb seiner Familie angefangen hätte, sondern sich nach der Volksschule im sozialen Bereich hatte qualifizieren wollen. Er wollte anderen zu Diensten sein und dies zu seinem Beruf machen. Es war ihm nicht vergönnt, er musste in den Familienbetrieb und hat dort tatsächlich sein Glück gefunden. Er war stolz darauf, dass er die Stukkateurarbeiten am Affenfelsen im Amsterdamer Zoo gemacht hatte. Aber diesen Moment – mein Vater, der von seinem größten Wunsch, seinem größten Jugendtraum erzählte – habe ich als ein Geschenk erfahren. Ich hatte das Privileg, kurz hinabzutauchen auf den Grund seines Herzens. Das berührte mich tief. Ich sah dadurch meinen Vater mit anderen Augen.

Und es gab noch ein unerwartetes Geschenk während des Aufnahmegespräches. Mein Vater wurde gefragt, was er tagsüber alles aß. Er fing mit dem Frühstück an: eine Scheibe Brot mit Schokoladenstreuseln, eine Scheibe Brot mit Honig und ein Stück Frühstückskuchen. Ich fiel fast vom Hocker, weil ich dieses Frühstück wiedererkannte. Seit Jahr und Tag begann ich den Tag auf dieselbe Art. Ohne dass ich es wusste und ohne dass es meinem Vater bewusst war, nahmen wir seit Jahren am frühen Morgen dasselbe Frühstück ein. Ich war erstaunt, jubelte aber innerlich. Ich ähnelte meinem Vater mehr als ich gedacht hatte. Und das war nicht die einzige Übereinstimmung, die ich in den Wochen bis zu seinem Tod erfuhr. Die Neigung in Wiederholungen zu verfallen, sein kindliches Erstaunen und sein Enthusiasmus, sein Talent, Reden zu halten, sein Bedürfnis nach Stille und Gebet und seine tiefe Überzeugung, dass er in seinem Leben geleitet wurde: Ich durfte all das von Nahem erleben und erkannte darin soviel von mir selbst wieder.

Empfangen ist ein Geschenk. Aber ich hätte nie von meinem Vater empfangen können, wenn meine Schwester mich nicht gerufen hätte, wenn ich mir nicht die Zeit genommen hätte und wenn ich nicht buchstäblich die Anwesenheit meines Vaters gesucht hätte. Solche Erfahrungen mit einem todkranken lieben Menschen machen zu dürfen, ist ein Geschenk für das Leben, kann aber nur gegeben werden, wenn die Nahestehenden die Schwelle zum kranken, dem Tode geweihten und abhängigen Vater überschreiten wollen.

Ich war nicht der Einzige, der sich Zeit nahm und damit aus der täglichen Hektik ausbrach. Meine jüngste Schwester organisierte alles und tat das in ständiger Absprache mit uns Geschwistern. So kam es, dass ich meinen Bruder und meine Schwester öfter sah als jemals zuvor. Wir trafen uns im Krankenhaus, als mein Vater für die Untersuchungen aufgenommen wurde. Wir umringten unseren Vater buchstäblich, als er zu hören bekam, dass er nie mehr genesen würde und dass man nichts mehr tun konnte. Wir trafen uns im Wintergarten, während mein Vater die letzten Wochen zu Hause verbrachte. Und wir entdeckten auf diese Art nicht nur überraschende Seiten unseres Vaters, sondern auch den Wert von Geschwistern. Eigentlich fanden wir erneut zueinander. Wir durften erleben, dass es ein großer Trost ist, Brüder und Schwestern zu sein. Wir haben das in den letzten Wochen unseres Vaters mit Kuchen gefeiert. Es scheint paradox, ist aber eine tiefe Wahrheit. Während mein Vater sich Tag für Tag seinem Tod näherte, aßen wir draußen auf der Terrasse gemeinsam etwas Schmackhaftes und drückten auf diese Art aus, dass wir einander als Kinder *einer* Familie aufs Neue gefunden hatten. Was normalerweise auf Besuche an den Geburtstagen und auf die Treffen an Weihnachten und Ostern beschränkt bleibt, bekam nun eine ganz andere Dimension. Als nach Mutter auch Vater starb, wurde uns klar, dass das Dach über unserem Kopf verschwinden würde und dass wir nicht länger Kinder sein würden. Wir wussten in diesem Moment, dass wir nicht ohne einander auskommen konnten. Das war und das ist noch immer ein großes Geschenk, das mein Vater uns in seinem Sterbebett gab.

Er übergab sich buchstäblich dem Tod und machte uns damit noch ein anderes Geschenk. Das eindringlichste Erlebnis hatte mein Vater eine Woche vor seinem Tod, als er das Krankensakrament von seinem jüngsten Bruder erhielt, der Priester ist. Mein Vater verhielt sich nicht wie ein leidendes Subjekt, sondern führte in den schwierigsten Momenten durch das Ritual. Er sprach zu der für ihn bestimmten Zeremonie den Kommentar. Und er ließ uns in Worten und Gebärden sehen, dass er bereit war zu gehen. Dadurch wurden der Raum und die Freiheit gegeben, um Vater und uns gegenseitig bewusst und wertschätzend zu erleben in allen guten Momenten, die noch folgen sollten. Das nahm jeglichen Druck und alle Angst. Mein Vater hatte sich mit seiner Endlichkeit und Sterblichkeit versöhnt und genoss in diesen letzten Tagen alle kleinen Freuden des Lebens. Und wir konnten mit ihm genießen. Akzeptieren, dass das Leben endlich ist und aufhört, schafft Raum, um die verbleibende Zeit zu genießen. Mein Vater schenkte sich selbst und eröffnete damit dem Leben in den wenigen Tagen, die noch kommen würden, alle Möglichkeiten. Er genoss den schmackhaften Lachs, bat um süße Trauben, hatte noch Lust auf ein kleines Beefsteak und freute sich auf eine Scholle. Er las noch in seiner Lieblingsfußballzeitschrift, hörte eine Stunde lang Jan Smit und lauschte still, als der kirchliche Radiosender die Mittwochsmesse sendete. Er war voller Leben, während die Schmerzen immer stärker wurden und sein Leben nur noch drei Tage währen sollte. Auch das war ein wertvolles Geschenk in der letzten Phase: Wir können nur dann voller Achtsamkeit leben, wenn wir uns mit dem Sterben versöhnen.

Mein Vater konnte das, weil er sein Leben dem Ewigen anvertraute, weil er Ausschau hielt nach der Begegnung mit seinem Schöpfer. Er bereitete sich durch Beten darauf vor. Er betete genauso oft, wie er etwas trank. Beten war ihm Nahrung, als er nicht mehr essen konnte. Und er bat mich, mit ihm zu beten. Ich hatte seit meiner Jugend nicht mehr laut mit ihm zusammen gebetet, aber ich fand es schön, mich seinem Gebet anzuschließen. Wir beteten den gesamten Rosenkranz. Das sind mehrmals zehn Ave Maria, jeweils eingeleitet vom Vaterunser. Als alles andere gesagt war, gab uns dieses jahrhundertealte Ritual Verbundenheit und Trost. Es linderte nicht die

Schmerzen meines Vaters, aber es schenkte ihm Ruhe und Frieden. Und es geschah noch etwas anderes. Jeden Morgen, jeden Mittag und jeden Tag zu Beginn der Nacht beteten wir zusammen den Rosenkranz. Ich merkte, dass die Gebete, die andauernd wiederholt wurden, wie ein Wind durch meine Seele wehten. Dadurch entstand Raum, dadurch kam die Freiheit, es öffnete sich die Tür zu einem Horizont, der keine Grenzen kannte. Das galt für mich, aber sicher auch für meinen Vater. Die größte Krise, zwei Tage vor seinem Tod mitten in der Nacht, überwanden wir durch gemeinschaftliches Beten. Der innere Windhauch der Gebete öffnete die Tür seines Herzens und ließ alle Angst wegwehen. Ich konnte sehen, wie das bei meinen Vater geschah, wie er ruhig wurde. An seinem letzten Tag hat er nur noch geschlafen, ich habe dann für ihn gebetet. Das hatte ich ihm versprochen. Ich weiß nicht, ob er mich gehört hat, wohl aber weiß ich, dass er mitten in der Nacht seine Augen geöffnet und mich eindringlich angeschaut hat. Es kam kein Wort über seine Lippen, er wurde auch nicht richtig wach, er schaute mich nur an. Das war der letzte Augenkontakt zwischen meinem Vater und mir.

Beten hilft, um einen Wind in der Seele eines Menschen aufkommen zu lassen, um ihm die Unruhe und Angst zu nehmen und die Augen zu öffnen, wenn das nach menschlichem Ermessen eigentlich nicht geht. Seit dem Tod meines Vaters bete ich wieder regelmäßig den Rosenkranz. Ich tue das mit seinem Rosenkranz, der auf meinem Schreibtisch liegt, als eine dauerhafte Erinnerung daran, die Gebete zu wiederholen. So ist mein Vater immer bei mir. Aber er ist auch auf eine andere, mindestens genauso eindringliche Weise da. Das größte Geschenk machte er mir, als er meinen Namen rief. Ich dachte immer, dass ich nicht dazu bestimmt sei, Kranke und Sterbende zu begleiten. Schon wenn ich ein Krankenhaus betrat, wurde ich unruhig und musste mich anstrengen, um nicht weiche Knie zu bekommen. Meine Mutter half mir über die Schwelle, als sie in ihrem Krankenbett lag, mein Vater rief mich buchstäblich. In seiner letzten Woche war ich beinahe Tag und Nacht bei ihm. Als ich einmal ein wenig Schlaf nachholte und die Pflegekraft bei meinem Vater wachte, wurde ich von ihr geweckt. Vater ging es nicht gut. Sie fragte, ob ich versuchen wolle, ihn zur Ruhe zu bringen. Ich setzte mich zu ihm, sah ihn kämpfen und unter den Schmerzen leiden und hörte ihn meinen Namen schreien, so wie er es noch nie getan hatte. „Leo“, erklang es im Wohnzimmer. „Setz dich zu mir und halte meine Hand.“ Ich ergriff seine Hand, hielt sie eine Stunde lang fest und fühlte, dass die Ruhe in ihn zurückkehrte. Er hatte mich mit meinem Namen gerufen, er hatte damit Gaben in mir erweckt, die ich in mir selbst nicht vermutet hätte. Das ist sein größtes Geschenk an mich. Ich bin ihm dafür ewig dankbar. Zwei Tage später war er tot. Ich habe ihn dann geküsst, um ihm für dieses Geschenk an der Schwelle seines Todes zu danken.

BRIEF 35
ANSELM GRÜN

Im Advent das Verbundensein mit unseren Toten spüren

Lieber Leo,

herzlichen Dank für Ihren letzten Brief, den Sie mit Wehmut geschrieben haben. Ja, auch ich schreibe mit einem Gefühl des Abschiednehmens. Ihre Briefe haben mich im vergangenen Jahr begleitet. Es war das Jahr, in dem Sie sich von Ihrem Vater verabschiedet haben und dabei tiefe Erfahrungen der Liebe und Nähe zu Ihrem Vater und auch zu Ihrer Mutter erlebten. Mich haben Ihre Briefe berührt und mich an das Sterben meines Vaters und meiner Mutter erinnert. Jetzt schließt sich das Jahr. Wir feiern den Advent, die Ankunft Jesu Christi. Die Begleitung Ihres sterbenden Vaters, das Wachen an seinem Sterbebett, haben Ihnen auf neue Weise gezeigt, was das heißt: wachen und beten.

Sie haben mit Ihrem Vater zusammen den Rosenkranz gebetet und dabei erfahren, dass sich Ihre Seele beruhigte, dass das gemeinsame Gebet einen tiefen Frieden in Ihnen hervorrief. Jetzt beten Sie weiter den Rosenkranz und benutzen dabei die Perlen, die Ihr Vater beim Beten durch seine Finger gleiten ließ. Sie fühlen sich beim Beten verbunden mit dem Vater, mit seinem Gebet und mit der Sehnsucht, die er beim Beten verspürt hat, mit seiner Sehnsucht nach der Liebe und der Geborgenheit, von der uns das Rosenkranzgebet etwas vermittelt. Jetzt in der Adventszeit fühlen wir uns gedrängt, alte Rituale zu vollziehen, die unsere Eltern und Großeltern schon praktiziert haben. Wir stellen einen Adventskranz in unsere

Wohnung. Wir zünden an jedem Samstagabend eine neue Kerze an und werden still vor dem Adventskranz. Oder wir singen die alten Adventslieder, die unsere Eltern und Großeltern schon gesungen haben. Bei diesen Ritualen spüren wir die Verbundenheit mit unseren Verstorbenen. Wir haben teil an ihrer Glaubenskraft und Lebenskraft, mit der sie ihr Leben bewältigt und die Krisen und Bedrängnisse, die sie erfahren haben, gemeistert haben. So geben uns die Rituale Anteil am Glauben unserer Väter und Mütter. Wir drücken darin unsere Hoffnung aus, dass auch wir unser Leben so gut beenden können wie sie. Und wir feiern hier die Rituale, die unsere Vorfahren vollzogen haben, im Glauben, dass unsere Vorfahren das, was sie in den Ritualen ausdrückten, jetzt als Schauende und Vollendete erleben dürfen. Wir zünden die Adventskerzen an, damit das Licht Jesu Christi unseren Alltag erleuchtet. Die Verstorbenen schauen das Licht, das uns in dieser Kerze entgegenstrahlt, in seiner ganzen Fülle. Sie sind ganz und gar erleuchtet. Wir stellen den Adventskranz auf im Vertrauen darauf, dass unser Leben gelingt, dass Gott alles Zerbrochene und Brüchige unseres Lebens ganz macht und abrundet – das ist ja das Symbol des Adventskranzes, der an einen Siegerkranz erinnert. Die Verstorbenen haben das Gelingen ihres Lebens schon erfahren. Ihr Leben ist im Tod vollendet worden. Da ist alles Kantige abgerundet und alles allzu Menschliche mit göttlichem Leben erfüllt worden.

Durch das Wachen am Sterbebett Ihres Vaters haben Sie eine neue Verbundenheit mit Ihren Geschwistern erfahren. In der Adventszeit sehnen wir uns danach, nicht nur allein vor dem Adventskranz zu sitzen und zu meditieren, sondern auch im Kreis unserer Familie. Wir haben das Bedürfnis, gemeinsam Ausschau zu halten nach dem, der unser Leben erhellt und verwandelt, der unsere tiefste Sehnsucht erfüllt. Advent und Weihnachten möchten wir die Familie erleben als den Raum, in dem wir Geborgenheit erleben. Aber zugleich spüren wir, dass wir die Geborgenheit nur erfahren, wenn wir gemeinsam auf etwas Größeres schauen, wenn wir gemeinsam das Geheimnis wahrnehmen, das unter uns ist: Gott, der in uns und unter uns wohnt und uns auf eine tiefere Weise miteinander verbindet, als es unsere Gefühle vermögen. Sie haben beim Wachen am Sterbebett Ihres Vaters das Geheimnis seines Lebens und seines Glaubens erfahren. Sie haben gespürt, woraus er gelebt hat. Er konnte die Kleinigkeiten seines Lebens genießen, seine Fußballzeitung und ein gutes Essen. Aber seine tiefste Sehnsucht hat er ausgedrückt, als er Sie bat, mit ihm gemeinsam zu beten. Da haben Sie sein tiefstes Geheimnis gespürt. Die Adventszeit will uns einladen, unsere Familie auf neue Weise zu erleben, als betende und wachende Gemeinschaft, die gemeinsam Ausschau hält nach dem, der unsere tiefste Sehnsucht erfüllt. Christus, auf dessen Kommen wir im Advent warten, ist bei Ihrem Vater und bei Ihrer Mutter. Ihre Eltern schauen sein Antlitz. Sie sehen sich satt an seiner Schönheit, an seinem Glanz. So verbindet Sie das Warten auf Christus auch mit Ihren Eltern, die schon angekommen sind bei ihm.

Wir feiern die Ankunft Christi. Ihre Eltern haben sein Kommen im Tod erfahren. Jetzt sind sie für immer bei ihm. Im Warten auf Christi Ankunft und im Vertrauen auf das Angekommensein der Eltern sollen auch wir bei uns selbst ankommen. Wir sollen in unserem Herzen ankommen, in dem Christus schon wohnt. Wenn wir in unserem Herzen ankommen, dann erleben wir darin die Gemeinschaft mit Christus, aber auch die Gemeinschaft mit unseren verstorbenen Eltern, die ihre Liebe und ihren Glauben in unser Herz eingepflanzt haben. In unserem Herzen spüren wir die Essenz des Lebens unserer Eltern. Und wir haben teil daran.

Das Warten auf die Ankunft Christi hat verschiedene Aspekte. Wir warten auf das Kommen Jesu jetzt, in diesem Augenblick, auf seine Ankunft in unserem Herzen. Wir warten auf sein endgültiges Kommen am Ende der Welt. Aber wir warten auch auf sein Kommen in unserem eigenen Sterben. Wenn wir sterben, kommt die Welt für uns zu Ende. Da erleben wir die Ankunft, auf die wir jetzt warten. So hat sein Kommen auch etwas mit unserem Sterben zu tun. Aber es ist ein erwartungsvolles Warten, ein Warten, das unser Herz weit macht. Sie haben beim Sterben Ihres Vaters erfahren, dass die Versöhnung mit der Endlichkeit das Herz weit macht und einen Raum der Freiheit schafft. Das Warten auf das Kommen Jesu will unser Herz in der Adventszeit weit und frei machen, damit Gott jetzt schon darin wohnen kann.

Und Sie haben noch ein Geschenk beim Sterben Ihres Vaters bekommen. Ihr Vater hat Sie laut bei Ihrem Namen gerufen. In der Adventszeit hören wir die wunderbaren Texte aus dem Propheten Jesaja. In Kapitel 43 sagt Gott zu jedem Einzelnen von uns: „Fürchte dich nicht, denn ich habe dich ausgelöst, ich habe dich beim Namen gerufen, du gehörst mir. Wenn du durchs Wasser schreitest, bin ich bei dir, wenn durch Ströme, dann reißen sie dich nicht fort. Wenn du durchs Feuer gehst, wirst du nicht versengt, keine Flamme wird dich verbrennen." (Jes 43, 1f) Wenn Gott uns beim Namen ruft, dann brauchen wir uns nicht mehr zu fürchten vor den Wasserfluten, in denen wir unterzugehen meinen. Dann werden wir durch das Feuer unserer Schmerzen und unserer Leidenschaften gehen, ohne zu verbrennen. Und Gott sagt von unserem Namen noch etwas Wunderbares: „Jeden, der nach meinem Namen benannt ist, habe ich zu meiner Ehre erschaffen, geformt und gemacht." (Jes 43, 7) Gott hat uns einen Namen gegeben. Er hat jeden von uns zu seiner Ehre geschaffen. Sie haben beim Sterben Ihres Vaters und Ihrer Mutter erlebt, dass Gott sie zu seiner Ehre geschaffen hat. Sie waren Menschen, endlich, mit Fehlern und Schwächen behaftet. Aber sie waren auf ihre Weise einzigartig, geformt von Gott. Und auch in ihrer Menschlichkeit waren sie zur Ehre Gottes geschaffen. Von Irenäus ist das wunderbare Wort überliefert: „Die Ehre Gottes – das ist der lebendige Mensch." (Gloria dei – homo vivens)

So wünsche ich Ihnen eine gesegnete Adventszeit, in der Sie das Warten auf Christi Ankunft, das Wachen und Beten, die Stille und das Singen der Adventslieder auf neue Weise erfahren, in Gemeinschaft mit Ihrem Vater und Ihrer Mutter, die für immer angekommen sind bei Gott. Sie möchten Ihnen das Vertrauen schenken, dass auch Sie durch Wachen und Beten ankommen werden bei dem, der unsere tiefste Sehnsucht erfüllt. Und ich wünsche Ihnen, dass Sie im Ausschauhalten auf den, der ihr Leben abrundet und ganz macht, darauf vertrauen, dass Christi Ankunft auch Ihr Leben erfüllt mit dem Geheimnis seiner Liebe.

Literatur

Mitch Albom: Dienstags bei Morrie. Die Lehre eines Lebens, München (Goldmann) 2005.

Joseph Bernardin: Das Geschenk des Friedens, München/Zürich/Wien (Verlag Neue Stadt) 1998.

Joan Didion: Das Jahr magischen Denkens, Berlin (List) 2008.

Anselm Grün: Womit habe ich das verdient? Die unverständliche Gerechtigkeit Gottes, Münsterschwarzach (Vier Türme) 2005.

Nicolaas Matsier: Selbstporträt mit Eltern, München/Zürich (Piper) 2003.

Martinus Muskens, Opmaat tot Eeuwigheid, Nijmegen (Valkhoff Pers) 2007.

Henri Nouwen: Met de dood voor ogen, Tielt (Lannoo) 1993.

Henri Nouwen: Een glimp van de overkant Bespiegelingen over leven en dood, Tielt (Lannoo) 1990.

Henri Nouwen: In einem anderen Licht. Von der Kunst des Lebens und Sterbens. Hrsg. v. Andrea Schwarz, Freiburg (Herder) 2006.